Unnützes Wissen Franken

DIE A9 NÜRNBERG – HOF HEISST IN FRANKEN WERSCHDLA-HIGHWAY

Unnützes Wissen Franken

DIE A9 NÜRNBERG – HOF HEISST IN FRANKEN WERSCHDLA-HIGHWAY

Hartmut Ronge

J. BERG

Franken heißt
auf Englisch Franconia,
auf Arabisch farankunia,
auf Koreanisch peulangken,
auf Bulgarisch Frankoniya,
auf Esperanto Frankonio,
auf Japanisch Furankonia und
auf Chinesisch Fú lán kěn.

Bierfranken: Mit über 200 Brauereien hat Oberfranken die höchste Brauereiendichte der Welt. Auf nur 5.515 Einwohner kommt eine Brauerei. Rein statistisch fährt man alle sechs Kilometer an einer vorbei. Mann sind die dicht, mann!

Die Autobahn A 9 Nürnberg–Hof nennt man auch »Werschdla-Highway«.

Bei Richard Wagners Oper »Die Meistersinger von Nürnberg« spielen im Orchester 2 Flöten, 1 Piccolo, 2 Oboen, 2 Klarinetten, 2 Fagotte, 4 Hörner, 3 Trompeten, 3 Posaunen; Tuba, Pauken, ein Schlagwerk mit Trommel, Becken, Triangel und Klaviaturglockenspiel, Harfe und Streicher.

Markus Söder kam seit 2009 zu »Fastnacht in Franken« in folgenden Kostümen: Eisbär Flocke, Zauberer Gandalf, Punker, Marilyn Monroe, Shrek, Mahatma Gandhi, Edmund Stoiber, Homer Simpson, Prinzregent Luitpold von Bayern. Und 2019 tatsächlich als Markus Söder.

Des hob i gfressn! Der in Würzburg geborene Präsident des Internationalen Olympischen Komitees, Thomas Bach, hat einen Diplomatenpass der Bundesrepublik Deutschland. Laut Satzung des IOC ist der Besitz von Diplomatenpässen für IOC-Mitglieder absolut verboten!

In Bamberg gibt es die Metzgerei Kalb und das Bestattungsunternehmen Pietät Freudensprung.

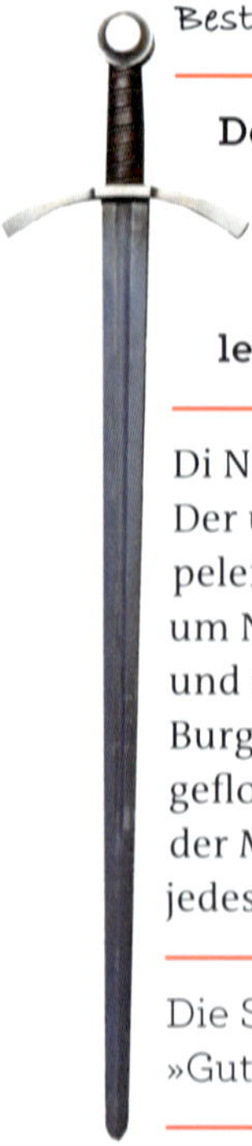

Der ehemalige Außenminister der Vereinigten Staaten, Henry Kissinger, wurde am 27. Mai 1923 in Fürth geboren – als Heinz Alfred Kissinger. Sein Nachname leitet sich ab von Bad Kissingen.

Di Nämbercha hänga kann bevuursn ned hamm. Der um 1320 geborene fränkische Raubritter Eppelein von Gailingen machte die Handelswege um Nürnberg unsicher, wurde geschnappt – und soll auf einem Pferd in hohem Bogen vom Burggraben gesprungen und so vor dem Henker geflohen sein. Die angeblichen Hufabdrücke in der Mauer der Kaiserburg zählen zum Repertoire jedes Fremdenführers.

Die Stadt Selb hat das Motto »Gutes machen wir Selber«.

Do dād i di Doddn hi.

Der größte Teil Frankens gehört zu Bayern – mit den Regierungsbezirken Unterfranken, Mittelfranken und Oberfranken. Fränkische Gebiete in Baden-Württemberg zählen zur Region Tauberfranken und Hohenlohe sowie zur Region um das badische Buchen. In Hessen sind kleinere Teile um Fulda sowie im Odenwaldkreis fränkisch geprägt; dasselbe gilt für südwestliche Teile von Thüringen.

Die Identifikation mit Franken ist in den fränkischsprachigen Gebieten Hessens, Südthüringens und der Oberpfalz aber oft nicht sehr ausgeprägt und stellenweise sogar durchaus umstritten – beispielsweise im Landkreis Wunsiedel, dem Alt-Landkreis Eichstätt, der Region um Aschaffenburg sowie in der Gegend um Heilbronn.

Witzige fränkische Vereinsnamen: SpVgg Oberkotzau, 1. SC Feucht, Die wilden Antikörper, FC Wichsenstein, ESV Nürnberg Rangierbahnhof, Turn- und Sportverein Poppenhausen.

Wenn man von Gerolzhofen aus ein Loch durch die Erde graben würde, käme man auf der anderen Seite mitten im Südpazifik, ungefähr 1.000 Kilometer südwestlich bei den zu Neuseeland gehörenden Chatham-Inseln, wieder heraus.

11 Franken. 24 Stunden unter Wasser. Weltrekord! Die Taucher aus Betzenstein spielten die längste Unterwasser-Billardpartie der Welt. Schbidze!

Der Arzt, Psychiater und Neuropathologe Alois Alzheimer wurde 1864 im unterfränkischen Marktbreit geboren. Wer? Wo? Wann?

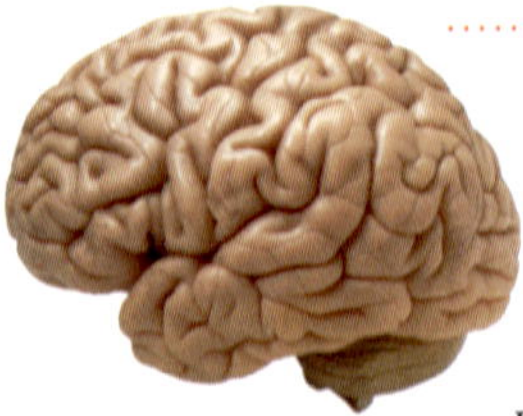

Krankheit des Vergessens: Auguste Deter hieß die Patientin, bei der Alois Alzheimer 1901 erstmals Demenz entdeckte und diagnostizierte. 1910 wurde bereits in einem Lehrbuch über die »Alzheimersche Krankheit« und entsprechende Eiweißablagerungen im Gehirn geschrieben.

Schdaa neem Schdaa neem Schdaa: Mit über 5.000 Steinmustern aus über 100 Staaten hat das Deutsche Natursteinarchiv in Wunsiedel die größte Sammlung dieser Art weltweit.

Fränkischenglisch: Shower mall hair, do left a eagel.

Gehn wir kneipen? 1993 wurde in Schweinfurt die Idee des Kneipenfestivals geboren. Beim eintägigen »Honky Tonk« spielen in über 40 Altstadtkneipen Bands verschiedenster Musikrichtugen – mittlerweile gibt es das Konzept in über 50 Städten weltweit.

Fränkischer Rechen – so nennt man das Wappen Frankens. Es zeigt in Rot drei weiße, nach oben gerichtete Spitzen. Das Franken-Rot hat die Farbe HKS 14.

Das Wappen symbolisiert mit den drei nach oben gerichteten Spitzen die Dreifaltigkeit Gottes, sowie mit den vier nach unten gerichteten Enden die vier Himmelsrichtungen der Erde.

Die amtliche Schreibweise von Bad Königshofen im Grabfeld lautet: Bad Königshofen i. Grabfeld. Statt dem »m« ein Punkt. Typisch Beamte!

2018 waren in Franken die beliebtesten Mädchennamen Emilia, Marie, Emma und Leni. Bei den Jungen waren es Ben, Elias, Jonas und Paul. Abgelehnt wurden unter anderem folgende Vornamenswünsche: Borussia, Dracula, Holunda, November, Pims, Ulme, Vespa, Westend und Zecke. Zum Gligg!

Der Planetenweg zwischen Georgensgmünd und Spalt bildet auf einer Strecke von sieben Kilometern unser gesamtes Sonnensystem ab – im Maßstab 1:1 Milliarde: von der Sonne mit 1,4 Meter Durchmesser vor dem Georgensgmünder Rathausplatz bis zum 2,3 Zentimeter großen Planeten Pluto, der sich in Spalt am Bahnhof befindet. Ein Meter Wegstrecke entspricht einer Million Kilometer.

Fränkische Ortsnamen in Mundart: Ärmerschtoodt (Ebermannstadt), Bengatz (Pegnitz), Deddlsa (Neuendettelsau), Graalse (Crailsheim), Herschbrugg (Hersbruck), Mellerschd (Mellrichstadt), Rawetz (Marktredwitz).

In Franken gibt es das »rollende R«. Außerdem existieren die Konsonanten »k«, »p« und »t« nicht – man spricht stattdessen ein weiches »B« und ein weiches »D«. Das einzige Wort mit »hartem T und hartem P« ist das Wort Sempft.

Der »Behaim-Globus« ist der älteste erhaltene Erdglobus weltweit. Er wurde um 1492 vom Nürnberger Tuchhändler und Seefahrer Martin Behaim initiiert und von verschiedenen fränkischen Handwerkern gefertigt. Er zeigt das europäische Weltbild kurz vor der Entdeckung Amerikas durch Kolumbus.

Die hölzerne Weltkugel wird auch Behaimscher Erdapfel genannt – sie hat einen Durchmesser von 51 Zentimetern und steht im Germanischen Nationalmuseum Nürnberg. Auf der Oberfläche finden sich 110 Miniaturen, rund 2.000 Orts- und Flurnamen sowie zahlreiche Textinfos.

Seit 1962 trägt der Berg Behaim Peak in der Antarktis den Namen des berühmten Franken.

Franken – wou di Hasn Hoosn un die Hosn Huusn haasn. Das ist ein Satz in fränkischer Mundart. Der »fränkische Satz« hingegen ist eine Bezeichnung für gemischten Anbau der Rebsorten im Weinberg. Dort wachsen dann sehr resistente Stöcke, die gegenüber Frost, Staunässe und Schädlingen weniger Empfindlichkeiten aufweisen.

Der traditionelle Fränkische »Alte Satz« besteht aus Silvaner, Gutedel, Elbling, Traminer und Muskateller. Je nach Witterungs- und Wachstumsbedingungen fällt jeder Jahrgang anders aus.

Von Ansbach nach Shanghai, China, sind es genau 8.888 Kilometer.

Shamolagus franconicus: Der älteste Hase Europas hoppelte vor 25 Millionen Jahren durch Mittelfranken – sein Skelett wurde in Möhren bei Treuchtlingen entdeckt. Ob der Hos dort Möhren suchte?

Im 18. Jahrhundert wurden die Glocken des Bad Mergentheimer Münsters und der Schlosskirche so aufeinander abgestimmt, dass das gemeinsame Geläut wie der Wiener Stephansdom klingt. Man wollte damit dem Hoch- und Deutschmeister Maximilian Franz von Österreich das Heimweh erträglicher machen. Noch heute bimmt und bammt es täglich um 15 Uhr für 15 Minuten.

Der Schwäbische Gruß »Leck mich am/im Arsch« stammt vom berühmten fränkischen Reichsritter mit der eisernen Hand: Götz von Berlichingen. In Möckmühl waltete er als Amtmann des Herzogs von Württemberg. Er wurde durch sein rebellisches Auftreten im schwäbischen Bauernkrieg und als Hauptfigur von Goethes gleichnamigem Schauspiel bekannt.

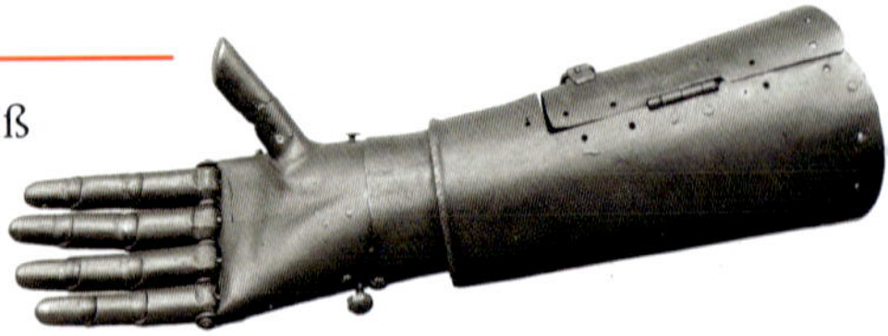

Laut Landesportal der Bayerischen Staatsregierung zeichnen den Stamm der Franken »ausgeprägter Gemeinschaftssinn, Organisationstalent, Heiterkeit und ein schnelles Auffassungsvermögen« aus.

In Presseck gibt es eine Frau Kalbskopf.

Amihuusn: Die Kleiderfabrik Hermann aus Künzelsau fertigte als erstes Unternehmen Jeans in Europa – unter dem Markennamen Mustang. 1948 besorgte Albert Sefranek bei amerikanischen Soldaten sechs Jeans im Tausch gegen sechs Flaschen Schnaps; diese Hosen dienten als Muster für die erste deutsche Produktion.

Die Frankengans wiegt 5–6 Kilo, legt dreimal jährlich bis zu 15 weiße Eier und zeichnet sich durch hohe Fleischqualität und Daunenreichtum aus. Sie hat einen bläulichen Farbeinschlag, kann niedrige Gartenzäune »überfliegen« und steht einem Wachhund in nichts nach. Schnatteratäng!

Das Kernkraftwerk Kahl war das erste kommerzielle Kernkraftwerk Deutschlands.

Nürnberger Tand geht durch alle Land. Vor allem durch Spielwaren, die schon im 15. Jahrhundert in alle Welt verkauft wurden, bekam die Stadt an der Noris den Ruf als »Spielzeugstadt«.

Lauf der Dinge: Als ein Dieb vom Außenständer eines Bad Kissinger Sportgeschäftes zwei Sweatshirts und zwei Jogginghosen riss und wegrannte, verfolgte ihn der sportliche 52-jährige Ladenbesitzer durch die Gassen der Stadt bis zum ehemaligen Luitpoldbad, das gerade als Behördenzentrum von Markus Söder neu eingeweiht wurde. Dessen Security hat den Verfolgten direkt mit offenen Armen empfangen.

Das Luitpoldbad in Bad Kissingen war Anfang des 20. Jahrhunderts das größte Badehaus Europas. In den zwei 100 Meter langen Seitenflügeln waren 236 Badekabinen untergebracht.

In Franken gibt es 286 Storchennester, die jedes Jahr immer wieder aufgesucht und von Meister Adebar mit neuem Nistmaterial »renoviert« werden. Danach wird sich um den Nachwuchs gekümmert. Doll!

Oberfranken ist der Regierungsbezirk in Bayern mit den wenigsten Straftaten pro Einwohner.

Graudvuugl! Das Wappen von Bergen soll offiziell einen Geier darstellen. Aber das Tier hat keinen Schnabel, der Oberkörper fehlt und die untere Hälfte zeigt ein Huhn. Es ist kein Auge zu sehen, es fehlen Beine und Krallen und man erkennt eine Schlangenzunge. Es sollen übrigens auch keine Wolken dargestellt sein, sondern Berge. Welcher schräge Vuugl hat sich das wohl ausgedacht?

Berchermasder her! Im Landkreis Würzburg gibt es jedes Jahr einen neuen Bürgermeister – für einen Ort ohne Bürger. Schönstheim ist ein 300 Hektar großes Waldstück und wird seit über 500 Jahren von einem eigenen Bürgermeister »regiert«, der jedes Jahr am 2. Mai neu gewählt wird. Er wacht über 16 verschiedene Grundstücke, die den jeweiligen Waldbesitzern gehören.

Schafkopfm gilt als Kulturgut und Teil der fränkischen Lebensart. Gemeint ist das Kartenspiel – nicht das Mambfn eines gekochten Tierschädels ...

40.000 Studenten! Die Friedrich-Alexander-Universität Erlangen-Nürnberg ist die größte Uni Frankens.

Gut Holz: Die älteste Holzbildhauerschule Deutschlands steht in Bischofsheim – sie wurde 1852 gegründet.

Geknickte im Kipf – so heißt in Würzburg eine Bratwurst, die in der Mitte geknickt wird, damit sie ins Brötchen passt. Hau nei!

Olle Knolle: Das »Knoblauchsland« im Zentrum des Städtedreiecks Nürnberg – Fürth – Erlangen ist mit 21 Quadratkilometern eines der größten zusammenhängenden Gemüseanbaugebiete in Bayern.

Der Nürnberger Stadtschreiber Johannes Müllner notierte um 1600: »Und diese bisher aufgezählten Flecken und Dörfer liegen alle zwischen dem Wald und der Rednitz gegen der linken Hand, welcher Traktus insgeheim das Knoblachsland genennet wird, aus Ursach, dass viel Zwieffel und Rubsamen gebauet und von hinnen in fremde Land verführt ... und damit große Hantierung getrieben wird.«

Im Mittelalter behalf sich der »gemeine Bürger« gerne mit Knoblauch, Liebstöckel und Bärlauch, um den üblen Geruch des Pökelfleisches zu unterdrücken. Reiche hingegen konnten sich Pfeffer und Muskat leisten.

Im Nürnberger Knoblauchsland steht das größte Gewächshaus für Snackgemüse in Deutschland.

Die Mehrzahl von Hund heißt Hünd.

A U: Das ist in Bamberg die kürzeste Bierbestellung der Welt! Serviert wird ein U – ein ungespundetes Bier. Es hal im Vergleich zu anderen Biersorten einen geringeren Kohlensäuregehalt, weil während der Gärung im Fass das Spundloch nicht mit einem Holzzapfen verschlossen wurde.

1476 rief der Viehhirte Hans Böhm zur Wallfahrt nach Nicklashausen auf. Er versprach den Menschen vollkommenen Ablass, predigte von der Gleichheit aller Menschen, von Gemeineigentum sowie vom Strafgericht Gottes über die Eitelkeit und Gier von Fürsten und Geistlichkeit. Innerhalb von drei Monaten hatte er bereits 75.000 Anhänger. Der Pfeiferhannes wurde verhaftet und als Ketzer zum Tode verurteilt.

Nicht zu tief ins Glas schauen! Das Nürnberger Weizenglasmuseum steht mit rund 5.000 Weizenbiergläsern von über 1.500 Brauereien aus aller Welt im Guinnessbuch der Rekorde.

Durch Franken führen die Autobahnen A 3, A 6, A 7, A 70, A 71, A 73 und A 9.

Juristendeutsch: Der Bocksbeutel ist eine »kurzhalsige, bauchig-runde, etwas abgeflachte Glasflasche mit ellipsoider Standfläche und mit ellipsoidem Querschnitt an der größten Wölbung des Flaschenkörpers, bei denen das Verhältnis von Hauptachse zu Nebenachse des ellipsoiden Querschnitts annähernd 2:1 und das Verhältnis von Höhe des gewölbten Flaschenkörpers zum zylindrischen Flaschenhals annähernd 2,5:1 beträgt«.

Der Herzogenauracher Adidas-Gründer Adolf »Adi« Dassler war gelernter Bäcker – sein Vater Christoph hatte sich als Schuhmacher auf die Produktion von Filzpantoffeln spezialisiert.

In Michelstadt gibt es über den Winter vergünstigte Dauerkarten fürs Freibad. Von Dezember bis März kostet der Eintritt 70 Euro statt 80 Euro. Das lohnt sich ja richtig ...

Das Wappen von Markt Nordheim zeigt ein Gesicht, das kotzt. Es soll eigentlich einen Kopf darstellen, der mit blasendem Mund Wind macht.

Eins auf die Mütze? Zwei Freunde aus Konradsreuth hatten 2009 die Geschäftsidee, Mützen häkeln zu lassen – von Rentnerinnen. MyBoshi wurde zum Trend. Wolle Wolle kaufe?

»Willsta schäine Knieküchla machn, brauchsda braade Knie.« Knieküchla entstehen, indem man den Hefeteig über dem Knie so formt und auszieht, dass er in der Mitte ganz dünn wird und man außen einen gleichmäßigen dicken Wulst erhält. Die Krapfen werden in heißem Schmalz ausgebacken. Es gab sie früher hauptsächlich an Feiertagen und zu besonderen Festen. Man nennt sie auch »Auszogne« oder »Runda Koung«.

Es gibt »katholische« und »evangelische« Küchla – je nachdem, ob sie in der Mitte eine mit Puderzucker bestreute Erhebung (evangelisch) oder eine Mulde (katholisch) haben.

Im Bamberger Bahnhof gibt es kein Gleis 7.

Das Walberla – der Berg der Franken. Der markante Tafelberg östlich von Forchheim heißt eigentlich Ehrenbürg und gilt als »Tor zur Fränkischen Schweiz«. Rings ums Walberla befindet sich das größte Anbaugebiet für Süßkirschen in Europa.

Das Walberla-Fest ist das älteste Frühlingsfest Deutschlands. Es findet an jedem ersten Sonntag im Mai statt und ist ein Patronatsfest der heiligen Walburga.

Die US-amerikanische Schauspielerin Sandra Bullock lebte bis zu ihrem zwölften Lebensjahr in Nürnberg – ihre deutsche Mutter Helga Meyer war Opernsängerin am Staatstheater. Sandra trat im Kinderchor auf und spielte auch kleinere Rollen. Bullock heißt Stier.

Ich protestantiere! Die in Baden-Württemberg liegenden Teile Frankens gehören zu den beiden Evangelischen Landeskirchen von Baden und Württemberg.

In Mosbach gibt es zehn Stillpunkte und acht Wickelpunkte.

Die längste Nebeldauer mit 242 Stunden gab es im Mai 1996 in Neuhaus, im fränkisch geprägten Süden von Thüringen.

Hosd an Zwedschgermoo im Haus, gäid dirs Geld und Gligg ned aus! Die berühmten Zwetschgenmännla wurden im 18. Jahrhundert von einem Nürnberger Drahtzieher erfunden, um armen Kindern eine essbare Freude zu machen. Heute gibt es über 400 verschiedene Figuren aus getrockneten Pflaumen, Feigen und Walnüssen – alles nicht mehr zum Verzehr geeignet.

Mit der Mine eines Bleistiftes kann man eine Linie von 58 Kilometer Länge ziehen. Das entspricht in etwa der Distanz von Coburg nach Schweinfurt.

Subber gloffm! Der ehemalige Skilangläufer Walter Demel wurde in Bayreuth geboren, wurde 40-mal Deutscher Meister und nahm an vier Olympischen Winterspielen teil.

In Franken gibt es 298 Naturschutzgebiete.

Boxberg im fränkisch geprägten Main-Tauber-Kreis hat als einzige Partnergemeinde die Stadt Boxberg in Sachsen (Oberlausitz).

Do-Re-Mi-Fa-So-La-Ti-Do. Der Schlagersänger, Autor, Schauspieler und Fernsehmoderator Michael Schanze war Sänger im weltweit angesehenen Windsbacher Knabenchor.

Muuuhs man sehen! Määährmals. In Hersbruck steht das deutsche Hirtenmuseum – mit Kleidung und Gerätschaften von Hirten aus aller Welt. Dazu gibt es entsprechende Infos zur Haltung von Rindern, Schafen, Ziegen und anderen Tieren – für Arbeit und Transport, als Nahrungs- und Rohstofflieferanten.

Das Crailsheimer Wappen zeigt drei nebeneinanderstehende Kesselhaken – genannt Kräuel oder Craile.

Frankenmuth, Frankenlust, Frankenhilf und Frankentrost. So heißen Orte im US-Bundesstaat Michigan, die Mitte des 19. Jahrhunderts von fränkischen evangelischen Auswanderern gegründet wurden.

Silvaner in kleinen Gläsern genossen, schadet auch in größeren Mengen nicht! Die Traubensorte ist heute mit 23,9 Prozent nach Müller-Thurgau mit 26,6 Prozent die in Franken am häufigsten angebaute Rebe. Danach folgen Bacchus mit 12 Prozent und Riesling mit 5,5 Prozent.

Breitengüßbach hat nur rund 5.000 Einwohner – aber drei Autobahnausfahrten: Nord, Mitte und Süd.

Das barocke Bayreuther Opernhaus gilt als weltweit einzigartig – unter anderem auch wegen seiner komplett aus Holz geschnitzten, stuckierten und gemalten Dekoration. Der originale Wagnervorhang im Bayreuther Schauspielhaus ist graubraun.

Nicht das Schwein, sondern der Begriff »swin« hat Schweinfurt seinen Namen gegeben – es bedeutet »abnehmen« bzw. »schwinden« und bezeichnet ein von Quellen durchzogenes Sumpfgebiet.

Fränkischenglisch: In day show dammer my face way.

Schwabach in Mittelfranken ist zwar die kleinste kreisfreie Stadt Bayerns – hat aber dennoch drei Kreisverkehre.

Der Frankenweg ist der erste Weitwanderweg in Deutschland, der mit dem Prädikat »Qualitätsweg Wanderbares Deutschland« ausgezeichnet wurde. Die 518 Kilometer lange Strecke beginnt in Unterreichenstein und endet in Harburg. Höchster Punkt ist der Döbraberg mit 795 Metern.

Der Frankenweg hieß früher »Via Romea« – er war Teil des Glaubensweges für die Christen, die über die Alpen bis nach Rom pilgerten. Und er war in die andere Richtung Handelsweg für Gewürze, Seide und andere Waren aus dem Orient.

Im Tauberbischofsheimer Raum wird die sogenannte taubergründische Mundart gesprochen – ein ostfränkischer Dialekt.

Das Nürnberger Christkind wird alle zwei Jahre neu gewählt. Es muss aus Nürnberg kommen, schwindelfrei, mindestens 160 Zentimeter groß, zwischen 16 und 19 Jahre alt und – weiblich sein.

Lothar Matthäus' Vater war Hausmeister bei Puma.

In Franken gibt es durchschnittlich 160 Einwohner pro Quadratkilometer.

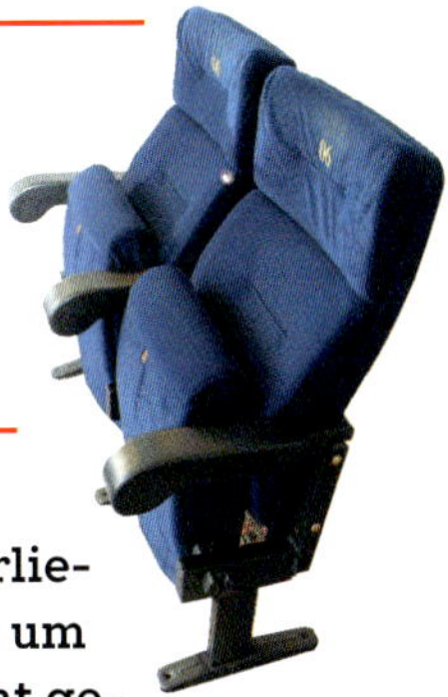

Applaus, Applaus! In Miltenberg gibt es das kleinste professionell geführte Theater der Welt. Es hat 27 Sitzplätze – und die Bühne misst 20 Quadratmeter.

Der fränkische Nobelpreis: Seit 1985 wird der »Frankenwürfel« verliehen – an Persönlichkeiten, die sich um den fränkischen Charakter verdient gemacht haben. Der Porzellanwürfel wird jeweils am 11. November, dem Namenstag des Frankenheiligen Martin, im Rahmen eines Gansessens von den Regierungspräsidenten der drei fränkischen Regierungsbezirke überreicht.

In den Statuten heißt es unter anderem: Um allen Lagen gewachsen zu sein, muss man … viele Seiten haben, muss wechselnde Standpunkte vertreten, muss … rollen und stehen können, muss einmal Kugel spielen und ein andermal Kubus. Der Würfel und die drei »W« prägen den Franken. Das Wendige, das Witzige und das Widersprüchliche machen ihn aus, wobei Witz auch Erfindungsgeist und Einfallsreichtum bedeutet.

Das Stadion der SpVgg Greuther Fürth erhielt am 11. September 1910 zur Einweihung den Namen »Sportpark am Ronhofer Weg gegenüber dem Zentralfriedhof«.

Die höchste Summe, die je für ein Dürer-Werk bei einer Auktion erzielt wurde, beträgt 645.000 Euro. Der 1471 in Nürnberg geborene Künstler der Renaissance malte mit 44 Jahren das Werk mit dem Titel »Rhinozeros«.

Bei Kalchreuth gibt es eine Dürerquelle. Er soll hier 1502 zu seiner Federzeichnung »Quelle im Wald mit Antonius und Paulus« inspiriert worden sein.

Nach Albrecht Dürer sind in Deutschland drei Gymnasien, zwei Grundschulen, zwei Realschulen, zwei Gesamtschulen, ein Berufskolleg, eine Förderschule und eine Schule für Sehbehinderte benannt.

Der Ascheberscher Maulaff ist eine 1778 geschnitzte, leicht unterlebensgroße Bauernfigur mit weit aufgerissenem Mund in Aschaffenburg. Damit vergnügte sich die Kurfürstliche Hofgesellschaft im Tal der Spiele im Park Schönbusch – man konnte eine kleine Kugel ins Maul werfen, die dann durch eine innere Röhre nach unten und hinten wieder herausrollte.

Witzige fränkische Ortsnamen: Aha, Ende, Gefrees, Hammerschrott, Hetzlos, Hummertal, Kamerun, Kotzendorf, Krötennest, Leichendorf, Moritz, Oberrüsselbach, Ort, Poppendorf, Prügel, Schnarchenreuth, Schweinshaupten, Streit, Wichsenstein.

Ludwig Erhard war von 1963 bis 1966 Bundeskanzler, wurde in Fürth geboren und hieß mit zweitem Vornamen Wilhelm.

Der »Vater des deutschen Wirtschaftswunders« wollte für 100 Milliarden Deutsche Mark der Sowjetunion die deutsche Einheit abkaufen. Der Plan wurde von US-Politikern als »unrealistisch und politisch naiv« angesehen und deshalb nicht weiterverfolgt.

Der Bleistift ist ein 25 Meter hoher, 1893 erbauter Aussichtsturm in Cadolzburg.

Das Selbitzer Wiesenfestspiel handelt vom Bierkrieg mit Naila. 1778 wurde die reußische Selbitzer Brauerei verkauft, ohne die Bevölkerung zu informieren. Als dann einige Fässer Bier aus dem Nachbarort geliefert wurden, haben der Bürgermeister, ein Bäcker und der Inhaber der zweiten Selbitzer Brauerei diese zerstört. Sie wurden zu sechs Wochen Gefängnis unter anderem wegen Vergeudung von Gerstensaft verurteilt.

Frankenstein war ein fränkisches Adelsgeschlecht, das aus einer Seitenlinie der Grafen von Henneberg abstammte. Die weltberühmte Romanfigur »Frankenstein« jedoch war ein Schweizer.

Im Öhringer Schloss gibt es einen 120 Meter langen Gewölbekeller.

Fränkische Gelbwurst darf Rindfleisch enthalten – und ist deshalb etwas dunkler als die bayerische.

Das oberfränkische Wort des Jahres 2019 lautet »Sternlaschmeißer« (Wunderkerze). 2018 hieß es »Derschwitzen« (durch Schwitzen zugrunde gehen). 2017 fiel die Wahl auf »Urigeln« (das kribbelnde Gefühl, wenn kalte Hände und Füße langsam wieder warm werden).

Rothenburg ob der Tauber unterhält Städtefreundschaften mit Rotenburg an der Fulda, Rothenburg in der Oberlausitz, Rotenburg an der Wümme und Rothenburg in der Schweiz.

»Das Hällische Land ist das Land der Schweine … nirgendwo sonst trifft man die eigentümlich vorzügliche Rasse von Schweinen an, welche der Hällische Bauer hat.« (1844, Correspondenzblatt des Königlich Württembergischen Landwirthschaftlichen Vereins)

Während der Fußball-WM 2006 schlugen fünf Nationalmannschaften im Fränkischen ihre Zelte auf: Argentinien in Herzogenaurach, Ecuador in Bad Kissingen, Ghana in Würzburg, Kroatien in Bad Brückenau und Tunesien in Schweinfurt.

In Karlstadt gibt es 44 Einwohner mit dem Namen Karl.

Leonische Waren nannte man Produkte, zu deren Herstellung man Drahtgeflechte, besonders aus feinstem Messingdraht, verwendete. 1569 hat der Franzose Anthoni Fournier in Nürnberg mit der Herstellung von Sieben begonnen – später wurden Lametta, Blattgold und Borten sowie Zierbänder für die Stickerei von Posamenten produziert. Die Firma Leoni hat sogar muslimische Heiligtümer in Mekka bestickt. Doh koo mer ned mekkan.

Der um 1506 gefertigte Creglinger Marienaltar gilt als das Hauptwerk des Holzbildhauers Tilman Riemenschneider. Der Künstler hat sich dort in mittelalterlicher Kleidung selbst heimlich verewigt.

Esch weiss was! Der Dichter Wolfram von Eschenbach wurde in Eschenbach geboren, genauer in Obereschenbach, dem heutigen Wolframs-Eschenbach. Er gehörte zu den bedeutendsten Dichtern des Mittelalters. »Parzival« gilt als sein berühmtestes Werk.

Werschd so schaung! »Fastnacht in Franken 2017« ist mit 4,5 Millionen Zuschauern die meistgesehene BR-Sendung aller Zeiten.

550 Zuschauer passen in den Saal – es gibt jährlich bis zu 10.000 Interessenten. Aus Gründen der Gerechtigkeit werden 400 Karten verlost. 150 Karten sind Ehrengästen vorbehalten.

Der Elferrat leitet sich nicht von der Zahl 11 ab, sondern von Napoleons Revolutionsmotto: Egalité, Liberté, Fraternité (Gleichheit, Freiheit, Brüderlichkeit).

Bayerisch Sibirien – so nennt man die Gegend um Hof wegen dem oft sehr rauen Klima. Die Stadt selbst hat den Slogan »Hof – in Bayern ganz oben!«

Jesses! In der Nähe des 6.000-Einwohner-Städtchens Wassertrüdingen in Mittelfranken wollte ein Unternehmer für 20 Millionen Euro die weltgrößte Christusstatue bauen, inklusive Pilgerhotel, Wellness-Bereich und Restaurant. Der begehbare Betonjesus sollte 55 Meter hoch werden – 25 Meter höher als das brasilianische Wahrzeichen in Rio. Obbe de Kärng worn dägeeng.

Franken first! Am 23. April 1516 verkündeten die Bayernherzöge Wilhelm IV. und Ludwig X. in Ingolstadt das Reinheitsgebot: Zum Bierbrauen durften ab sofort nur noch Wasser, Gerste und Hopfen verwendet werden. Doch bereits 27 Jahre früher hatten fränkische Brauer dieselbe Idee.

Das Bamberger Reinheitsgebot ist in einer Urkunde vom 12. Oktober 1489 festgehalten, in der steht, dass die Brauer künftig »in solches Bier im Brauen und Suden nichts mehr denn Malz, Hopfen und Wasser nehmen«.

Bereits 1303 wurde wegen einer Hungersnot in Nürnberg ein Gesetz erlassen, nach dem nur Gerste zum Bierbrauen verwendet werden durfte. Der nährstoffreichere Weizen sollte nur zum Brotbacken verwendet werden.

In Nürnberg gibt es einen Herrn Frauenschläger.

Eins, zwei, Test, Test, eins, zwei. Die ADAC-Luftrettung testet seit Frühjahr 2019 für eineinhalb Jahre in Ansbach Multicopter-Flieger von Volocopter mit Drohnentechnik, die senkrecht landen und starten können. Runter kommen sie alle!

Auf dem Forchheimer Wappen sind statt Föhren zwei Forellen abgebildet. Der Name ist im 7. Jahrhundert entstanden und leitet sich ab vom althochdeutschen vorha (Föhre) – und nicht von vorhe (Forelle), wie man im 13. Jahrhundert fälschlicherweise vermutete.

Giesamoll dein Kaggdus, sunsd verderderder!

Bamberg wurde wie Rom auf sieben Hügeln erbaut. Das »fränkische Rom« wurde von Benediktinerabt Gerhard von Seeon im Jahr 1012 als »Haupt der Welt« bezeichnet.

Burgebrach hat 3.227 weibliche und 3.272 männliche Einwohner.

Der 1796 in Weihenzell geborene Johann Konrad Vogel heiratete in Linz die Zuckerbäckerswitwe Katherina Kreß, übernahm 1823 den Betrieb, führte die Linzer Torte ein – und machte sie durch Massenproduktion zu einem internationalen Verkaufsschlager.

Im »schnellsten Büro der Welt« sitzt der in Heilbronn wohnende Rallye-Co-Pilot Stefan Kopczyk – mit Navi, Papierblock und unmittelbarem Bluetooth-Kontakt jagen er und sein Pilot Marijan Griebel in einem Skoda Fabia R5 über die Pisten.

Der höchste Berg Frankens ist der 1.051 Meter hohe Schneeberg im Fichtelgebirge.

In Weidenberg gibt es die Firma Garten- und Landschaftsbau Thomas Blumensaat.

Religionsübergreifend: In Coburg gibt es einige denkmalgeschützte Objekte mit jüdischen Bezeichnungen – wie Judengasse, Judenvorstadt, Judentor. Auf dem Judenberg wurde im Jahre 1905 ein Ensemble von Einzel- und Doppelwohnhäusern aus Ziegeln erbaut, geplant von Friedrich Christ.

Der Rennsteig wird im Volksmund auch Kümmeläquator genannt – denn nördlich davon kommt Kümmel als Zutat in die Bratwurst.

Der heilige Kilian ist der Schutzpatron der Franken. Der im 7. Jahrhundert tätige Wanderbischof und Missionar stammte aus Irland und seine Gebeine sollen in der Krypta der Würzburger Neumünsterkirche liegen – der Schädel befindet sich in einem Schrein aus Bergkristall, eingelassen in den Hauptaltar des Kiliansdoms.

In Gaildorf wurde 2017 mit 178 Metern das höchste an Land stehende Windrad der Welt gebaut – inklusive Rotorblätter erreicht es eine Höhe von 250 Metern.

Oldie: Die Eiche mit dem Namen »Hüter des Feldes« bei Nedensdorf im Landkreis Lichtenfels ist der älteste Baum Frankens – der Laubbaum soll rund 1.000 Jahre auf dem Holz haben.

Allmächd! Fünf gebürtige Unterfranken gingen in die Geschichte der Finanzwelt ein: Marcus Goldman und Samuel Sachs – die Gründer von Goldman Sachs. Sowie die drei Gebrüder Henry, Emmanuel und Mayer Lehmann, die in den USA das Unternehmen Lehman Brothers gründeten.

Der Bad Mergentheimer Oberbürgermeister heißt Glatthaar – und hat eine Glatze.

Der FC Herzogenaurach wird von Puma ausgestattet, der ASV Herzogenaurach von Adidas. In der Stadt gibt es keinen Händler, der sowohl Puma- als auch Adidas-Produkte führt. Duo beißt die Maus kann Fodn o!

Tö-tööö, tö-tööö, tö-tööö. Im Deutschen Fastnachtsmuseum in Kitzingen befindet sich die älteste noch erhaltene Narrenkappe Deutschlands aus dem Jahr 1840.

Realschullehrer Felix Mayerhöfer aus Kronach stellte 2017 in 2:42:59 Stunden beim Hamburg-Marathon einen neuen Rekord auf – mit Business-Anzug. So schnell war vorher noch keiner im feinen Zwirn.

Hassliebe: In den 1920er-Jahren wurden die Grünen aus Fürth zweimal deutscher Fußballmeister, die Roten aus Nürnberg fünfmal.

1924 wurde bei der deutschen Fußballnationalmannschaft komplett fränkisch gesprochen. Das Team bestand aus fünf Nürnbergern vom »Club«, sowie sechs Spielern aus Fürth. Allerbeste Rivalen – ganz unter sich. Doh hoggsd di hii!

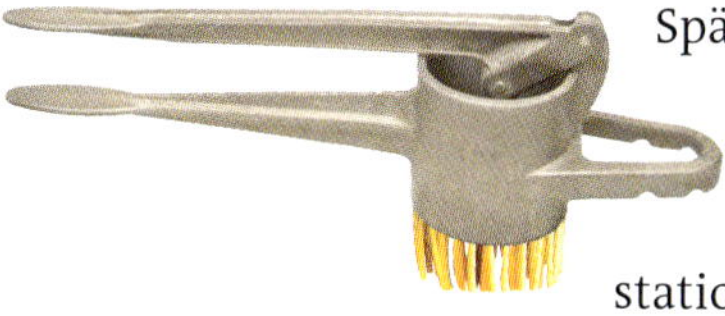

Spätzle im Weltall! Anfang Juni 2018 war Alexander Gerst erster deutscher Kommandant der Internationalen Raumstation ISS, die in einem halben Jahr 2.566-mal die Erde umrundete. »Astro-Alex« aus dem fränkisch geprägten Künzelsau hatte auch einige seiner Lieblingsgerichte in Konservendosen mit an Bord: Käsespätzle, Maultaschen sowie Linsen mit Spätzle und Saitenwürstchen.

Alexander Gerst ist nicht nur Astronaut, sondern gelernter Geophysiker und Vulkanologe. Als Funkamateur hat er das US-amerikanische Rufzeichen KF5ONO.

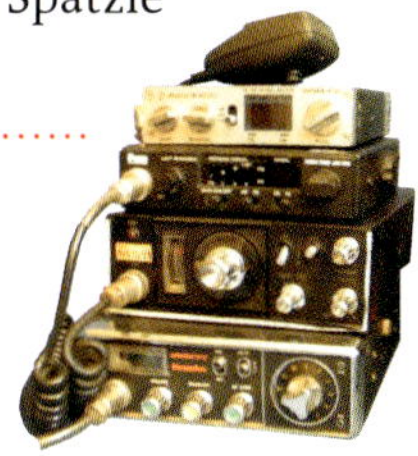

Nach dem Brexit ist der neue Mittelpunkt Europas ein Acker in Gadheim in Unterfranken, einem Ortsteil von Veitshöchheim. Bisher lag die geografische Mitte in der Gemeinde Westerngrund – jetzt liegt sie 50 Kilometer weiter südöstlich. Der Franke Markus Söder: »Bayern bleibt der Mittelpunkt Europas.«

Doktor Schummelwago: Die Universität Bayreuth entzog im Februar 2011 dem ehemaligen Bundesminister der Verteidigung aufgrund einer Plagiatsaffäre um seine Dissertation den Doktortitel. Sein vollständiger Name lautet: Karl-Theodor Maria Nikolaus Johann Jacob Philipp Franz Joseph Sylvester Buhl-Freiherr von und zu Guttenberg.

Guttenberg ist mit 500 Einwohnern die kleinste selbstständige Gemeinde in Oberfranken.

Europäisches Kulturdenkmal: In der Altstadt von Dinkelsbühl sind von 780 Häusern 77 Prozent älter als 350 Jahre.

28 Meter hoch! 20 Meter breit! Am 16. September 1979 floh(g)en vier Erwachsene und vier Kinder nachts mit einem selbst genähten Fesselballon aus der DDR in den Westen. Nach 28 Minuten landeten sie sicher auf einem Feld im oberfränkischen Naila.

In Nürnberg gibt es eine Schwabenstraße, eine Schwabeninsel, eine Schwabenmühle, ein Schwabenhaus und einen Schwabenstammtisch. Und zehn Schwabs im Telefonbuch. Ha so ebbes!

Der hat Schuppen! In Neustadt an der Aisch gibt es ein Karpfenmuseum.

Der Schock fürs Leben! In Dörzbach gibt es vier Standorte mit Defibrillator: in der Sparkasse, im Feuerwehrgerätehaus, im Rathaus Laibach und im Rathaus Meßbach. Öffnungszeiten beachten!

Fränkische Spezialitäten haben kuriose Namen: Ausgezogne, Gschling, Kadeiserla, Baamkoung, Schniibolln, Nürnbercher Gwerch, Gschnidna Hosn, Nonnenfürzla, Zwetschgenbaames, Schaifala, Ausgstraafta, Zwiwwlblootz, Pressack, Böfflamott, Blaue Zipfl, Kadzagschroa, Schwaaß.

Franken haben eine der niedrigsten Scheidungsraten bundesweit.

Hopfen und Malz, Gott erhalt's! Spalt im mittelfränkischen Landkreis Roth hat das größte Hopfenanbaugebiet Frankens. Die Stadtbrauerei Spalt braut das Spalter Bier aus dem Spalter Aromahopfen »Spalt Spalter«.

178 Einzelteile: Der Modellbahnzubehör-Hersteller Faller bietet ein Bausatz-Modell vom Klingentor, dem historischen Stadttor in Rothenburg ob der Tauber, im Maßstab 1:87 an.

In der Beschreibung des Gersfelder Wappens heißt es: »Das Gersfelder Stadtwappen stellt einen Lindenbaum mit 39 Blättern dar, dessen Wurzeln durch ein Fundament ins Erdreich ragen.« Es sind aber nur 25 Blätter abgebildet.

300.000 Figuren. 170 Dioramen. In Kulmbach gibt es das größte Zinnfigurenmuseum der Welt.

20 Quadratkilometer Wasserfläche: Das Fränkische Seenland besteht aus sieben künstlich anlegten Seen, um die Wasserverteilung zwischen dem wasserreichen Südbayern und dem wasserarmen Nordbayern auszugleichen.

Der rätselhafte Kaspar Hauser tauchte 1828 in Nürnberg als etwa 16-jähriger geistig Verwirrter auf und behauptete, von klein auf bei Wasser und Brot gefangen gehalten worden zu sein. Einem Gerücht nach soll er der 1812 geborene Erbprinz von Baden gewesen sein, den man beiseitegeschafft hatte, um einer Nebenlinie des Fürstenhauses die Thronfolge zu ermöglichen.

Der Main heißt in Oberfranken Maah, in Unterfranken Mee, am Mainviereck Ma und im Raum Aschaffenburg Mää.

»Rock im Park« hat in Nürnberg 2017 einen neuen Rekord mit 88.500 Besuchern aufgestellt. In der Event-Area sind unter anderem Möbel, Selfie-Sticks, Feuerlöscher, Raketen, Einkaufswagen und Regenschirme verboten. Und trotz des Namens sind Hosen erlaubt.

Der in Würzburg geborene Werner Karl Heisenberg erhielt 1933 mit 31 Jahren den Physik-Nobelpreis des Jahres 1932. Seine berühmte Heisenbergsche Unschärferelation besagt, dass sich Ort und Geschwindigkeit eines Teilchens nicht gleichzeitig exakt bestimmen lassen. So ähnlich muss sich das auch mit seiner Preisvergabe verhalten haben …

Ebermannstadt hat die Ortsteile Buckenreuth, Burggaillenreuth, Eschlipp, Gasseldorf, Kanndorf, Moggast, Neuses-Poxstall, Niedermirsberg, Rothenbühl, Rüssenbach, Thosmühle, Windischgaillenreuth, Wohlmuthshüll und Wolkenstein.

In der ersten Weltelf spielten zwei Schweinfurter. 1938 stellte der italienische Weltmeistertrainer ein europäisches Fußballteam zusammen, das in London gegen England spielte. Mit dabei waren Albin Kitzinger und Andreas Kupfer vom FC 05.

Die Stadt Ebern hat den Slogan »Frankens schönstes Kegelspiel«.

Ganz schön aufge-weckt! Bei Wallfahrten auf den Florenberg waren im 18. Jahrhundert die Eichenzeller immer schon die Ersten oben am Ziel – und aßen die dort angebotenen Festtagswecken auf. Alle anderen Nachbarorte gingen leer aus; so erhielten die Eichenzeller den Spitznamen »Weckfresser«.

60 Zentimeter lang. 40 Zentimeter hoch. 2 Kilogramm schwer. 4 Räder. Weißes Lenkrad. Kunststoff-Chassis. Das Bobby-Car wurde in Fürth erfunden. Bis heute wurden knapp 20 Millionen der roten Renner produziert – es ist das weltweit meistverkaufte Kinder-Rutschauto.

Seit 1990 gibt es Downhill-Rennen, bei denen modifizierte Fahrzeuge zum Einsatz kommen – mit Gummireifen, stabileren Achsen und Lenkungen sowie mit Beton ausgegossenen Karosserien zur Gewichtserhöhung. Der Geschwindigkeitsrekord eines Profi-Renn-Bobby-Cars liegt bei 115 Stundenkilometern.

2012 kürte die Tageszeitung taz das Bobby-Car zum »umweltfreundlichsten Auto des Jahres«.

Fränkischenglisch: Sea, bringers a mall dry sidely beer!

Die Tierschutzorganisation PETA kürte 2018 die veggie-freundlichsten Fußballstadien. Platz 1 ging an Schalke 04 – mit Gerichten wie Tofu-Schaschlik, Gemüseburger, gebackenem Blumenkohl und Bulgursalat. Auf den nächsten Plätzen folgen der FC St. Pauli und RasenBallsport Leipzig. Auf Platz 17 ist der 1. FC Nürnberg – dort gibt es für Fans lediglich Pommes, Brezeln und ein paar Snacks.

Der Nürnberger Fasching ist der älteste der Welt. Der Schembartlauf ist seit 1449 nachweisbar belegt.

Fränkische Ortsnecknamen: Allersberger Drahtzieher, Eberner Sauköpf, Forchheimer Mauernscheißer, Lichtenfelser Dümpelschöpfer, Michelauer Fraasgrüetn, Niedermirsberger Eulnböck, Nürnberger Hergottsschwärzer, Weismainer Kaulhaazn.

Aafoch kuhl! Der berühmteste Sohn des Ortes Bernsdorf ist Carl von Linde – er hat mit seinem Verfahren zur Verflüssigung von Luft Geschichte geschrieben und um 1860 die erste Kältemaschine entwickelt. So konnten jetzt auch im Sommer Biere gebraut und gelagert werden. Die Brauereien standen weltweit Schlange.

Witz komm raus, du bist ... bezahlt! In Nürnberg gibt es den weltweit ersten Witze-Automaten. Für 20 Cent spuckt der rot-weiß lackierte Kasten in der Günthersbühler Straße hinter dem Naturgartenbad eine runde Plastikkapsel inklusive lustigem Textkärtchen aus. Da kann man sich dann gscheid doudlachn.

Ramses Zimmer aaf! In Fürth gibt es eine 42 Meter hohe gläserne Hotelpyramide.

Kein Aussichtspunkt in der Pyramidenspitze

Der Markgraf von Bayreuth beherbergte einst einen schwarzhäutigen Adeligen aus Nubien, der gerne durch die Stadt spazierte und die Leute mit »Salem aleikum« begrüßte. Diese dachten, es wäre ein Spaßvogel, der sich mit Ruß geschwärzt hatte, schleppten ihn gewaltsam zum Mühlbach und versuchten, ihn zu säubern. So kamen die Bayreuther zum Spitznamen »Mohrenwäscher«.

Der doppelte Heinrich: Heinrich Schreyer und Heinrich Müller gründeten 1912 die Spielzeugfabrik Schreyer & Co. – und waren unter dem Markennamen Schuco mit Blechspielzeug und Modellautos weltweit erfolgreich.

Der Dätscher. Dreieckig. Aus dunklem Roggen-Brotteig. Bestreut mit Salz und Kümmel. Diese Hammelburger Besonderheit ist aus der Not heraus entstanden: Da man früher Teigreste nicht verschwenden wollte, hat man sie in der Hand in Form »gedätscht« und ebenfalls herausgebacken.

Von Hölle nach Himmelgarten sind es per Luftlinie genau 102,94 Kilometer.

Krumme Dinger: Bamberger Hörnla sind eine alte fränkische Kartoffelsorte. So heißt aber auch eine Art schlankes Croissant, das laut Landgericht der Stadt nur mit reiner Butter gebacken werden darf.

Da gehen die Uhren anders! Am Heiligen Abend zieht nicht nur das »Christkindla« durch Trebgast, sondern mit ihm auch gleich noch der Schlotfeger und die »Strohberta« – um das alte Jahr zu vertreiben und Glück fürs kommende heraufzubeschwören. Wenn man alles gleich in einem Wisch erledigt, dann hat man's hinter sich.

Angetrieben mit den Armen. Das »Künzelsauer Schubstockrad« wurde mehr als zehn Jahre vor dem Fahrrad mit Pedalen erfunden. Der Schmied Heinrich Färber hatte 1850 die schmiedeeiserne, 50 Kilogramm schwere Fahrmaschine entwickelt.

In Karl Mays Roman »Durch das Land der Skipetaren« begegnet Kara Ben Nemsi einem Orientalen. Diesem fällt zu Deutschland als Allererstes eine Stadt ein: Erlanka. Erlangen war schon im 19. Jahrhundert als Gerstensaftstadt international bekannt.

In Deutschland gibt es den Nachnamen Frank 25.759-mal, Franke gibt es 22.096-mal und Franken 2.342-mal.

Appgetreten: Das Grab des Komponisten Franz Liszt befindet sich auf dem Bayreuther Stadtfriedhof. Die sogenannte Liszt-Kapelle liegt am Hauptweg nahe der Gottesackerkirche. Dank einer Friedhofs-App erhält man alle gewünschten Informationen.

Samba Brasil: Das größte Samba-Festival außerhalb Brasiliens findet jedes Jahr in Coburg statt – mit rund 3.000 Teilnehmern in 100 Sambagruppen und 200.000 Zuschauern.

Scherben bringen Glück. Das Porzellinerfest in Selb ist Europas größter Porzellanflohmarkt. In der Porzellanstadt gibt es außerdem ein Porzellangässchen mit 55.000 farbigen Porzellanfliesen. Ein ganz schön teures Pflaster ...

Nürnberg heißt auf Niederländisch Neurenberg, auf Englisch Nuremberg, auf Italienisch Norimberga und auf Griechisch Niremvéri.

Die goldene Kartoffel: Dieser Preis wird jährlich von der Stadt Rehau an Persönlichkeiten verliehen, die sich im weitesten Sinne um die Kartoffel verdient gemacht haben. Zwischen 2012 und 2017 hat sich keine geeignete Person gefunden, die die Ehrung entgegennehmen wollte.

In Oberweid wohnt Frau Sauermilch.

Jou wergli! Der bekannteste fränkische Humorist der 1960er- und 1970er-Jahre war der gebürtige Nürnberger Herbert Hisel. Er produzierte 47 Singles und erhielt acht Goldene Schallplatten.

Bockpfeifer – so lautet der Spitzname der Einwohner von Selbitz. In der ersten Hälfte des 19. Jahrhunderts zogen viele wegen der schlechten sozialen Lage als Wandermusikanten durch die Lande und spielten auf Bockpfeifen, die aus Hoden von Ziegenböcken gefertigt waren.

In Wunsiedel gibt es das Cafe Namenlos. Es hat sogar nicht einmal ein Akzentzeichen auf dem e.

Mit einem E-Bass aus Bubenreuth hat der Linkshänder Paul McCartney von 1961 bis 1970 weltweit die Charts gestürmt. Die Höfner 500/1 mit vier Saiten ist im Umriss einer Violine nachempfunden – daher auch der Beiname Violin-Bass. Der Bass des fränkischen Gitarrenbauers Höfner war das Markenzeichen des Pilzkopfes aus Liverpool.

Walter Höfner erhielt Anfang der 1960er-Jahre von Paul McCartney einen Auftrag über 1.000 dieser »Bässe in Gambenform«. Noch heute spielt der Musiker den inzwischen weltberühmten Beatles Bass. Bassd scho.

6 Tage. 2 Kinos. 8 Säle. 130 Filme. 200 Vorstellungen. Bei den Hofer Filmtagen werden vor allem deutsche Erstaufführungen gezeigt.

Die verrückteste Kreation des Jahres: In der Nürnberger Eisdiele »Eis im Glück« gibt es Schäufele-Eis – hergestellt aus Milch, Zucker und pürierter Schweineschulter. Statt Sahne erhält man Bratensauce.

Der niedrigste Punkt Frankens liegt bei Kahl. An der Stelle, wo der Fluss Kahl in den Main mündet, sind es 102,3 Meter über dem Meeresspiegel.

Hatte der einen Unfall? Auf dem Bad Wimpfener Wappen ist ein Vogel abgebildet – mit einem Schlüssel durch den Kopf. Die Originalbeschreibung lautet: »In Gold der rotbewehrte schwarze Reichsadler mit einem waagerechten silbernen Schlüssel im Schnabel«. Im Schnabel? Im Schädel! Da hätte sich der Grafik-Doldi scho a weng mehr Mühe geben können …

Die Franken werden immer älter. Aktuell liegt das Durchschnittsalter bei 45,8 Jahren.

Lothar Matthäus war 1990 der erste Weltfußballer des Jahres überhaupt, verschoss als einziger Spieler zweimal im Elfmeterschießen eines DFB-Pokal-Endspiels, führte Deutschland zum dritten WM-Titel, hat vier Kinder, heiratete fünf Frauen unterschiedlicher Nationalitäten, ist einer von sechs Ehrenspielführern der Fußball-Nationalmannschaft und hatte bislang sieben Trainerjobs. Alle Acht-ung!

Schdreichhälzla her! Jedes Jahr am Dreikönigstag geht Pottenstein in Flammen auf. Auf den Felsen rund um die Stadt leuchten am Lichterfest zur Prozession 100 riesige Feuer – dafür werden rund 80 Kubikmeter Brennholz benötigt.

Der Landkreis Fürth ist mit 307,55 Quadratkilometern der kleinste Landkreis Frankens.

Die Silbe frank kommt vor im altnorwegischen frakkr (schnell, kühn) und im mittelniederländischen vrac (gierig). Die Franken waren also die »Frechen, Tapferen«.

Der Volksstamm der Franken wurde von den Römern »Franci« genannt – was so viel bedeutet wie die Kühnen, die Freien. Franco heißt auf Italienisch frei; Briefe werden frankiert – also »freigemacht«.

Francisca hieß die charakteristische Waffe der Franken, eine Art Wurfbeil. Auf Latein »securis francisca« (securis = Axt).

Nie hat man eine Brille, wenn man sie braucht! In Kitzingen gibt es zehn »nette Toiletten«. Hier darf man kostenlos sein Geschäft verrichten, auch wenn man kein Kunde ist.

Di Feeä'schde Buum sinn
bäise Buum, dii hillen aus
die Weiße'ruum,
dii hillens aus
und scheißn nei
und schdeggns
widder in Agge' nei.

Franken liegt 17 Kilometer westlich von Basel zwischen Hundsbach und Jettingen.

Die glänzendste fränkische Erfindung stammt aus Lauscha: die Christbaumkugel aus Glas.

Am Weinberg »An der Eich«, gleich unter den Mauern der Altstadt von Rothenburg ob der Tauber, wachsen 160 historische Rebsorten.

In Lauf an der Pegnitz sind 38 Prozent der Bevölkerung ledig, 7 Prozent verwitwet, 8 Prozent geschieden und 47 Prozent verheiratet. Und wenn wos ned bassd: Lauf!

Bis aaner greint! Fünf Gramm Schnupftabak müssen rein – in einer Minute. Der Schnupf-Club Kucha hat 75 Mitglieder und bietet regelmäßiges Schnupfer-Training. Bislang erschnupfte man fünf Deutsche Meisterschaften im Einzel sowie drei Deutsche Meisterschaften in der Mannschaftswertung.

Suhl wurde 1991 vom Stadtrat zur »Stadt des Friedens« erklärt – aufgrund seiner Geschichte als Standort von Rüstungsbetrieben. Man trägt auch den Titel »Waffenstadt«. Die Internetseite von Suhl lautet: suhltrifft.de.

KreisVerkehr: So nennt sich das Verkehrskonzept im Landkreis Schwäbisch Hall. Mit nur einem Fahrschein kann man frei zwischen allen öffentlichen Verkehrsmitteln wählen.

Gustav Weißkopf aus Leutershausen wanderte nach Amerika aus und nannte sich dort Gustave Whitehead. Am 14. August 1901 gelang ihm mit einem Einflügler über eine halbe Meile der erste bemannte Motorflug vor 17.000 Zuschauern. Die Gebrüder Wright waren also nicht die Ersten.

In Berlin-Wilmersdorf gibt es das Restaurant Fränkla.

Schdeich mer aaf'm Buggl!
Der deutsche Mathematiker, Astronom und Arzt Simon Marius wurde 1573 in Gunzenhausen geboren und entdeckte zeitgleich mit Galileo Galilei die Jupitermonde. Marius ist die lateinische Form von Mayr.

Kannst flechdn? Lichtenfels trägt den Titel »Deutsche Korbstadt«, hat eine Staatliche Schule für Flechtwerkgestaltung und wählt regelmäßig die Deutsche Korbstadtkönigin. Die gräichd allewall'n Korb!

Da der Karpfen als Fastenspeise sehr geschätzt war, sind in Franken große Teichlandschaften entstanden, auch um den Bedarf der vielen Klöster zu befriedigen. Fastende durften keine Fische essen, bei denen Kopf und Schwanz über den Tellerrand ragten – und so war man dankbar für den Zuchterfolg des runden Spiegelkarpfens.

Schaung mer mol dann seng mer scho. Die Gegend um Kreben ist von Lichtverschmutzung kaum betroffen – der besonders dunkle Himmel bietet eine visuelle Grenzgröße von über 6,5 mag und ist daher für Astronomen und Astrofotografen optimal.

Ansbach hatte früher die Bezeichnungen Onoltesbach, Onoltespah, Onelspach, Onsbach und Onolzbach.

Quälix. Felix Magath heißt mit richtigem Namen Wolfgang Felix Magath. Der Aschaffenburger gewann als einziger Fußballtrainer zweimal in Folge das Double aus DFB-Pokal und Meisterschaft.

Im Bamberger Dom befindet sich das einzige Papstgrab nördlich der Alpen. Clemens II. war von 1046 bis 1047 Oberhaupt der Kirche. Er gilt aufgrund seiner Herkunft aus dem Herzogtum Sachsen als »erster deutscher Papst« – sein Grab liegt versteckt hinter dem Bischofsstuhl, der Kathedra.

Heinrich Bauer aus Haßfurt, der nie am Meer gewesen war, hat 1930 eine Erfindung schützen lassen, bei der unter Ausnutzung der Wasserkraft bei Ebbe und Flut Strom erzeugt werden konnte. Da er vergaß, regelmäßig Gebühren zu bezahlen, verfiel sein Patentanspruch – und andere machten mit der Idee des Gezeitenkraftwerks viel Geld.

In der Würzburger Residenz befindet sich das mit 677 Quadratmetern größte zusammenhängende Deckenfresko der Welt – 1752 bis 1753 erschaffen von Giovanni Battista Tiepolo. Es wurde auf dem Gewölbe aufgebracht, das von dem damals noch jungen und unbekannten Architekten Balthasar Neumann konstruiert wurde.

Während des 20-minütigen Bombenangriffs auf Würzburg am 16. März 1945 wurden 90 Prozent der Altstadt sowie Teile der Residenz zerstört – das wertvolle Deckenfresko blieb glücklicherweise unversehrt.

Das erste Kleidungsstück von Adidas aus Herzogenaurach kam 1967 auf den Markt – der Trainingsanzug »Franz Beckenbauer«.

Fei wohr: Der Bürgermeister von Lisberg heißt Bergrab.

Die kuriosesten Firmennamen auf der Nürnberger Spielwarenmesse lauten: BamBam, Big Potato, Blue Orange, Dong, Exit Toys, Gen42, Half Moon, Insect, JaBaDaBaDo, Mad Cow, ManaMama, Molli, Naseweiss, Take Me, Tralala, Utukutu, Weizenkorn, Wicked und Zoelibat.

Das ist ja unterirdisch! Das größte Bergwerk Bayerns liegt bei Hüttenheim direkt unter Weinbergen. In den mittlerweile über 180 Kilometer langen Gängen wird Anhydrit abgebaut – in Verbindung mit Wasser wandelt es sich in Gips um und quillt um mehr als 50 Prozent auf.

Vereinspaziert! Der TSV 1846 Nürnberg ist der älteste Turn- und Sportverein Frankens – und einer der ältesten deutschen Vereine überhaupt. Er wurde bereits am 18. Oktober 1846 als »Gymnastischer Verein« gegründet.

Im »fränkischen Neuschwanstein« wurde der Playboy Gunter Sachs geboren. Schloss Mainberg bei Schweinfurt wurde im Mittelalter erbaut – es gehörte unter anderem Tapetenfabrikant Wilhelm Sattler sowie dem Industriellen Ernst Sachs.

In Lohr am Main mündet die Lohr in den Main.

Max Morlock gewann als Elfjähriger 1936 für die Volksschule Scharrerstraße die Nürnberger Schulmeisterschaft und wurde 1954 auf der Position des Halbstürmers unter Bundestrainer Sepp Herberger Fußball-Weltmeister.

Mach 'ne Fliege! Erich Schumm aus Murrhardt hat nicht nur die Muggnbadschn aus Plastik mit Gitterlochung erfunden, sondern bereits 1936 den berühmten, kleinen weißen brennbaren Esbit-Würfel: Erich Schumms Brennstoff in Tablettenform. Ideal für Camping und Modelldampfmaschinen. Und in über 70 Länder exportiert.

Als die Brauereien den Preis für einen halben Liter Bier von 10 auf 11 Pfennige erhöhten, kam es 1907 zum Bamberger Bierkrieg. Anstatt das teurere Bamberger Bier zu verkaufen, boten die Wirte Georg Weierich und Anton Mohr billigeres Bier aus Forchheim an. Nach einer Woche gaben die Bamberger Brauereien nach und zogen die Preiserhöhung zurück.

Fränkischenglisch: Day wise washed is fy dair.

Am 17. März 2018 liefen drei Heilbronner Feuerwehrmänner und eine Feuerwehrfrau in Dienstkleidung inklusive Helm, Sicherheitsschuhe, Beil und Sauerstoffflasche einen Weltrekord – sie absolvierten die bis dahin schnellste Kilometer-Staffel aller Zeiten in 14 Stunden und 50 Minuten.

Sabberlodd! Elf Naturparks machen fast die Hälfte der Fläche Frankens aus.

Im Spessart gibt es den Adventsbrauch, eine Muttergottesstatue von Haus zu Haus zu tragen. Sie »übernachtet« jeden Tag bei einer anderen Familie – so soll die Herbergssuche von Maria und Josef symbolisiert werden.

30 Zentimeter. Exakt so lang wie der Marschallstab, den der Stadtheilige Mauritius auf dem Rathausgiebel in der Hand hält, soll die Länge der Coburger Bratwurst sein.

Die Mainhardter Comicfigur Fuxi macht die Natur durch Infos und Aktivstationen zum Erlebnis. Die Mainhardter Internetseite wird von Hirsch und Wölfli betreut. Der Pfarrer heißt Adler. Ein Lehrer heißt Reh. Einfach tierisch.

Das größte Tiramisu der Welt war 216 Kilo schwer und wurde von den Eismachern des Café Venezia in Marktheidenfeld zubereitet.

Würzburger Stein – so heißt Würzburgs berühmtester Weinberg. Hier wuchs Goethes Lieblingswein: »Kein anderer Wein will mir schmecken, und ich bin verdrießlich, wenn mir mein Lieblingsgetränk abgeht.«

Den Franken haftet noch heute der Spitzname »die Gendarmen« an. In Zeiten des weiß-blauen Königreichs waren ortsfremde, etwas rauere und gleichmütigere Polizisten die einzige Möglichkeit, beispielsweise dem Haberfeldtreiben Einhalt zu gebieten – hier wurde zwischen Bürgern eine Art gewaltfreie, aber lärmende Selbstjustiz geübt.

Das Wappen von Helmbrechts sieht ziemlich verzerrt aus – mit einem am Körper gerupften, überfahrenen, blutigroten Adler, der alle Viere von sich streckt.

In der Spielzeugstadt Sonneberg gibt es ein Spielzeughotel mit 14 Themenzimmern zum Übernachten. Den »Lok-Schuppen« kann man für Familienfeiern mieten, für kleinere Feste gibt es die »Puppenstube«.

In Marktredwitz steht Deutschlands erstes Ozon-Hallenbad.

Ein Gastronomiebetrieb auf 400 Einwohner: Aschaffenburg hat die höchste Dichte an Gaststätten und Kneipen in Franken.

Der Dirigent ist die einzige Person im Bayreuther Schauspielhaus, welche Bühne und Orchestergraben gleichzeitig sehen kann.

Frankenland ist Karpfenland. Der Fisch kommt aber nur in Monaten mit einem »R« auf den Deller.

33 Turniersiege! 6 Olympische Medaillen! Neckermann macht's möglich. Der in Würzburg geborene Dressurreiter Josef Carl Peter Neckermann war nicht nur ein erfolgreicher Dressurreiter, sondern auch Gründer des Neckermann-Versandes. Seine Familiengeschichte lässt sich bis zum Anfang des 16. Jahrhunderts zurückverfolgen: 1508 waren die »Männer vom Neckar« als Flößer tätig.

Der erste Neckermann-Katalog im März 1950 hatte zwölf Seiten, bot 133 Textilartikel an und hatte eine Auflage von 100.000 Stück. Josef Neckermann gab dem ersten Katalog die Nummer 119, um so eine lange Versandhaustradition vorzutäuschen.

Das MP3-Verfahren zur Speicherung und Übertragung von Audiodaten wurde ab 1982 unter anderem am Fraunhofer-Institut für Integrierte Schaltungen in Erlangen sowie an der Friedrich-Alexander-Universität Erlangen-Nürnberg entwickelt.

Von Roth bis nach Lissabon sind es 1.999 Kilometer.

In Franken gibt es rund 100 Mundartbühnen.

Erst baggern. Dann pritschen. Der in Pleinfeld abgebaute weltberühmte Quarzsand wird unter anderem für die Beachvolleyballfelder des Bayerischen Volleyball-Verbandes verwendet.

Der 1446 erbaute Marktplatzbrunnen in Rothenburg ob der Tauber fasst 100.000 Liter Wasser.

Schneizdeichla: Am 29. Januar 1929 meldeten die Vereinigten Papierwerke Nürnberg das erste Babierdaschndouch aus reinem Zellstoff beim Reichspatentamt an. Um Weichheit zu erzielen, war es mit einer dünnen Schicht Glycerin überzogen. Der Name: Tempo.

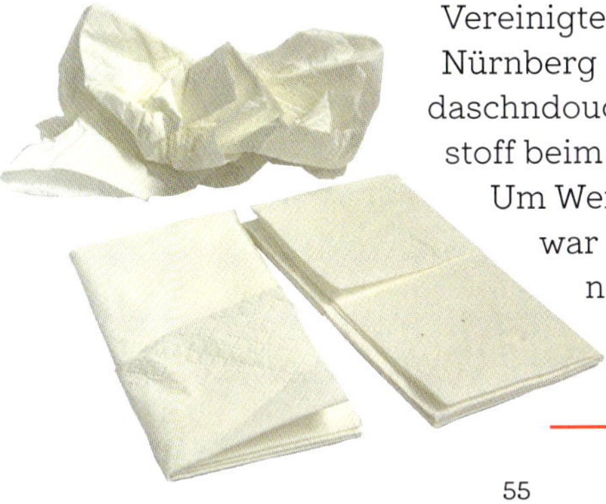

Der Bamberger Reiter stammt aus der ersten Hälfte des 13. Jahrhunderts. Die Hufe der Steinstatue im Bamberger Dom sind beschlagen – es ist eine der ersten Darstellungen von Hufeisen überhaupt.

Scheiden tut weh. Der Europäische Wasserscheideweg läuft über 97 Kilometer von Ansbach nach Schnelldorf.

In Lengenfeld steht die Garage von Paul Osti exakt auf der Europäischen Wasserscheide – eine Dachhälfte entwässert in die Nordsee, die andere Richtung Süden zum Schwarzen Meer.

In Poppenhausen gibt es im Telefonbuch viermal den Eintrag Popp.

Dirk Nowitzki hat Schuhgröße 54. Der gebürtige Würzburger heißt mit zweitem Vornamen Werner.

31.000 Punkte. 11.000 Rebounds. 7.000 Treffer von der Freiwurflinie. 3.000 Assists. 2.000 erfolgreiche Drei-Punkte-Würfe. 1.281 Blocks. 1.200 Steals. »The German Wunderkind« gehört zu den besten Basketballspielern der NBA-Geschichte.

Der Große Brombachsee ist mit 8,7 Quadratkilometern das flächenmäßig größte Gewässer Frankens – so groß wie 1.200 Fußballfelder.

In Franken die höchste Form des Lobes: Bassd scho!

Die drei »Fränkischen Kronen« sind die Kulmbacher Plassenburg, die Veste Rosenberg in Kronach und die Veste Coburg.

cittaslow

Hersbruck ist Mitglied der weltweiten Bewegung Cittàslow – mit dem Ziel: Verbesserung der Lebensqualität, Regionalität und Entschleunigung in Städten.

Hinnern Hons sein Höanahaus, hänga hunnat Huusn haus, hunnat Huusn hänga haus, hinnan Hons sein Höanahaus.

Zum Riesen: Das älteste Gasthaus Deutschlands steht in Miltenberg. Es wurde bereits Mitte des 12. Jahrhunderts urkundlich erwähnt. Seine heutige Form erhielt es 1590 von Baumeister und Zimmermann Jacob Stoer.

Udo fröhliche! Seit 2017 heißt die Mittelschule in Mellrichstadt »Udo-Lindenberg-Schule«.

Frankenwald-Lied

Tief im Frankenwald
steht ein Bauernhaus,
so hübsch und fein.
Aus diesem Bauernhaus,
da schaut ein Madel raus,
die schöne Frankenwälderin.

Hoch auf Bergeshöhn,
wo die Tannen stehn,
da pfeift der Wind,
und im tiefen Tal,
rauscht der Wasserfall,
das Bächlein rinnt.
An diesem Wasserfall
sah ich zum ersten Mal
die schöne Frankenwälderin.

Einmal kommt der Tag,
wo man Hochzeit macht
im Frankenwald.
Da wird sie meine Braut,
sie wird mir angetraut,
die schöne Frankenwälderin.

Einmal kommt der Tag,
wo man Kirchweih macht
im Frankenwald.
Das wird a Säule g'schlacht',
und große Würst gemacht,
so ist es Brauch im Frankenwald!

Der »Nürnberger Trichter« ist ein scherzhafter Begriff dafür, dass man auch dem größten Dummkopf angeblich alles beibringen, also eintrichtern kann. Die Rede vom Trichter geht auf ein Büchlein zurück, in dem der Nürnberger Dichter Harsdörffer die deutsche Reimkunst in zehn Stunden »einzugießen« versprach.

Das Programm der beiden Fürther Comedians Heissmann und Rassau in der Spaßrevue zu Weihnachten hat den Titel »Grins-Kistlas-Margd«.

Die unterfränkische Gemeinde Karlstein am Main hat ein Wappen, auf dem in der unteren Hälfte ein Atomsymbol abgebildet ist. Weltweit gibt es insgesamt 14 Städte mit Elektronen, Ellipsen und Atomkern im offiziellen Stadtwappen.

In »Mission Impossible 3« bekommt Tom Cruise eine Postkarte, auf der die Briefmarke »1.000 Jahre Kronach« zu sehen ist.

In Meiningen gibt es 4.434 Protestanten, 1.069 Katholiken, 300 Neuapostolische, 36 Hugenotten, 21 Rumänisch-Orthodoxe, 11 Russisch-Orthodoxe, 6 Griechisch-Orthodoxe sowie ein Mitglied der Jüdischen Gemeinde.

Optische Täuschung: Schmalkalden hat den ersten 3-D-Zebrastreifen Deutschlands. Autofahrer sollen zum Bremsen bewegt werden – weil es so aussieht, als ob die weißen Balken schweben. Man meint ein Hindernis vor sich zu haben, dabei ist es nur ein spezielles, aber sehr wirkungsvolles Straßen-Graffiti.

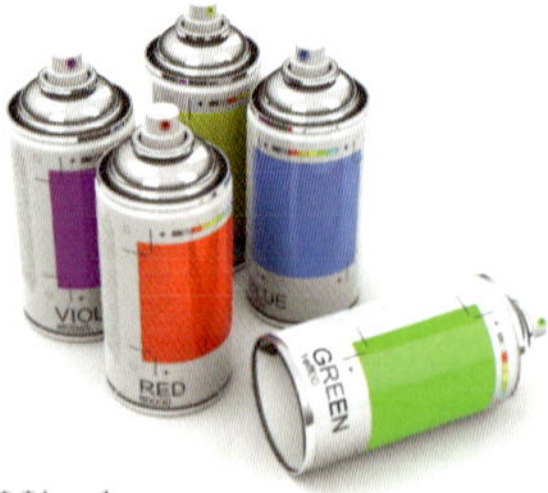

Fränkische Maßeinheiten: a bissala, a weng, a wengla, a wengerla, a weng weng, a Ferdsla, a Fiddsela.

Säich amol des Hulz zamm! Bei der Versteigerung einer 150 Jahre alten Lärche im Staatswald bei Obersinn wurde ein Preis von 775 Euro pro Festmeter erzielt. Weltrekord!

In Höchberg gibt es die Weinagentur Suffa.

Was man Franken gerne nachsagt: Sie sind kontaktarm, eigenbrötlerisch, schwer zu begeistern, zurückgezogen, durch die Grenz- und Durchgangslage notgedrungen weltoffen. Öfters mal eingeschnappt. Haben keine Angst vor »großen Tieren«. Sind stur, direkt, zuverlässig, gesellig und erfindungsreich. Fränggisch – Braggdisch – Gud.

Von Gaildorf nach Titting sind es per Luftlinie genau 105,19 Kilometer.

Heinzelmännchen: Der Fürther Kaufmann Max Grundig war schlau. Er fertigte ab 1945 einen mehrteiligen Rundfunkbaukasten, da es ein hohes Informationsbedürfnis in der Bevölkerung gab – aber die Alliierten den Verkauf von Radiogeräten untersagt hatten.

Man bekam in einem Pappkarton fast alle Einzelteile – die Radioröhre und den Dämmstoff musste man sich anderweitig besorgen, das hölzerne Gehäuse konnte man mit dem mitgelieferten Bauplan selbst anfertigen. Das Heinzelmann-Radio war der Grundstein für den Erfolg des Unternehmens Grundig, das später vor allem auch mit Fernsehgeräten bekannt wurde.

987654321: Rohr in Mittelfranken hat die Vorwahl 09876. Die Durchwahl 54321 gibt es aber nicht.

Die Stadt Herbolzheim in Mittelfranken pflegt freundschaftliche Verbindungen zu Herbolzheim an der Jagst und zu Herbolzheim im Breisgau.

We only speek Frängisch. Die erste deutsche Ansiedlung in Nordamerika wurde 1686 von einem Franken gegründet. Franz Daniel Pastorius aus Sommerhausen wirkte in Germantown außerdem als Gemeindevorsteher, entwarf das Wappen und unterrichtete als Lehrer.

Töröööö! Rüsselbach besteht unter anderem aus den Dörfern Oberrüsselbach, Mittelrüsselbach, Unterrüsselbach und Kirchrüsselbach – und durch diese fließt der Rüsselbach.

Ned bobbln! In Fürth lebt ein Herr Popel.

Der Gottesgarten ist eine Region im Obermainland zwischen Lichtenfels und Ebensfeld mit dem Staffelberg, dem Ansberg sowie dem Kloster Banz und der Basilika Vierzehnheiligen – den Meisterwerken des fränkischen Barocks.

Der Stromverbrauch des Nürnberger Volksfestes liegt bei rund 2.800 Kilowatt pro Stunde – das entspricht dem Verbrauch einer Kleinstadt mit 17.500 Einwohnern.

Bei der Ladies Night beträgt der Fahrpreis einen Euro. Das gilt auch für Herren in Frauenkleidern.

Viel Rauch um fast nichts. Die kleinste funktionsfähige Pfeife der Welt steht seit 2001 im Guinnessbuch der Rekorde – gefertigt vom Pfeifenschnitzer Norbert Riemer aus Uettingen. Kaum ist sie gestopft, ist das Meisterwerk nach nur sieben Zügen auch schon wieder ausgeraucht. Und a Bäggla Dabagg häld fei ewich!

L.m.a.A. – ein Selbitzer! In Goethes Schauspiel »Götz von Berlichingen« hat der Titelheld mit der eisernen Hand einen Mitstreiter mit dem Namen Hans von Selbitz.

Die Freiwillige Feuerwehr Daxberg aus Unterfranken unterhält eine Partnerschaft mit der Freiwilligen Feuerwehr Daxberg im Unterallgäu.

Tauberzell ist der südlichste Weinort Frankens.

Al Franken: Der gleichnamige US-Senator trat im Dezember 2017 nach Sex-Vorwürfen zurück. Die Großeltern des demokratischen Politikers, Komikers und Radiomoderators waren aus Deutschland eingewandert. Aus Franken.

GRATIS SPIELER FLOCK

Binde Strich. Bindestrich. Auf der Internetseite des Basketball-Bundesligisten Brose Bamberg wurde nicht nur ein günstiges Trikot angeboten, sondern dazu auch ein »Gratis Spieler Flock«. Auf die Nachfrage, seit wann denn der Spieler Flock gratis für Bamberg spielt, gab der Verein leider keine Antwort.

Die Entfernung von Schmalkalden zum Äquator beträgt 5.610 Kilometer.

Das Wappen der Stadt Lichtenfels zeigt auf einem dreiteiligen Felsen zwei goldene Leuchter mit brennenden Kerzen. Darüber einen Löwen mit schmerzvoll verzerrtem Gesicht und heraushängender Zunge. Anscheinend hat ihm die Flamme bereits einen Zehen der rechten Vordertatze verbrannt, sowie das komplette Kopfhaar der Mähne versengt.

In Deutschland gibt es 530-mal die Frankenstraße.

Pufferzone: Zwischen Nürnberg und Fürth gibt es ein »neutrales Gebiet« in Form einer Straßenkreuzung. Die dort befindliche U-Bahnhof-Haltestelle heißt »Stadtgrenze«.

Schwanfeld nennt sich »ältestes Dorf Deutschlands«. Die in Unterfranken ausgegrabenen Häuser schätzt man auf 7.500 Jahre – damit ist es bis heute Deutschlands erste menschliche Siedlung.

Dei Gsoch möcherd i hom! Deutschlands größtes Festival der Improvisation findet mit internationalen Schauspielern jedes Jahr in Würzburg statt.

In Schweden und in den USA gibt es Biersorten mit dem Namen »Erlanger«.

In Nürnberg gibt es die meisten Lebkuchen-Bäckereien der Welt.

Horrrch amol! Die Königsberger Sparkasse im Landkreis Haßberge wurde 1927 zusammen mit der Deutschen Reichsbank kräftig hinters Licht geführt. Der 21-jährige Bautechniker Ludwig Eiffländer hatte fabuliert, eine Geldzählmaschine erfunden zu haben, die zugleich Falschgeld erkennen sollte. Er erhielt 24.000 Goldmark für Testzwecke, hatte es plötzlich dicke – und machte sich dünne.

Mal können muss man dürfen. Die Polizei wurde im Winter zu einem Autobahnparkplatz bei Gefrees gerufen – von Fahrgästen eines Reisebusses. Diese bestanden auf stündliche Toilettenpausen, um ihre Notdurft zu verrichten – die Fahrer wollten den Zeitplan einhalten. Da die Bustoilette wegen zu niedriger Temperaturen außer Betrieb war, kam es zum handfesten Streit. Piss die Polizei kam.

Feuchte Fantasien? Der 1. SC Feucht ist kein Swingerklub – sondern ein Sportverein mit Abteilungen für Kegeln und Fußball.

Franken first! 1904 eröffnete mit der »Autolenkerschule« in Aschaffenburg die erste Fahrschule Deutschlands.

Tatühaha! Im Herbst 2018 entdeckte eine Spaziergängerin aus Oberwerrn auf einem Feldweg einen Karton mit einer zerstückelten Schlange. Als die alarmierte Polizei eintraf, wurde das Ganze etwas genauer inspiziert, und der Ordnungshüter sah nur einige Federn sowie eine eingepackte Salami. Eine Polizeibeamtin löste das Rätsel schließlich auf: Es handelte sich um einen alten, gebrauchten Tampon.

Franken sind in Deutschland keine Währung, sondern echte Originale.

Tuk-tuk: Rudolf Weigmann aus Zeil konstruierte 1953 ein »karossiertes Einspurkraftfahrzeug« mit einem Motorrad als Basis – der Kabinenroller war geboren; eine günstige Alternative zum Auto. Später brachte die Industrie eigene Fahrzeuge wie die »Isetta« und das »Goggomobil« auf den Markt.

Der gekachelte Saal in der Ansbacher Residenz besteht aus 2.800 Keramikfliesen.

Ω

Gudn Ohm'd! Ich ko dich leitn! Ein Erlanger Physiker machte sich mit der elektrischen Leitfähigkeit von Metallen einen Namen: Georg Simon Ohm. Er bekam sogar ein eigenes Zeichen – die Einheit des elektrischen Widerstandes Ω = Ohm.

Wasser marsch! Auf Schloss Ehrenburg in Coburg wurde die erste Toilette mit Wasserspülung auf dem europäischen Kontinent installiert.

In Würzburg gibt es kreative Straßennamen: Am Klößberg, Kniebrecherweg, Essiggarten, Rotkäppchenweg, Rübezahlweg, Elefantengasse, Leutfresserweg.

Fränkischenglisch: Broader, is day blowed washed fed.

Die französische Partnerstadt von Bad Mergentheim heißt Digne-les-Bains, ist ebenfalls eine Kurstadt und nennt sich ebenfalls »Hauptstadt des Lavendels«.

Till Eulenspiegel hielt um 1340 die Bürger mehrerer Städte mit seinen Streichen zum Narren und machte sich über sie lustig – so auch in Nürnberg. In einem 1515 verfassten Buch lautet die Überschrift einer Geschichte über ihn: »Wie Eulenspiegel in ein Haus schiß und den Gestank durch die Wand in eine Gesellschaft blies, die ihn nicht leiden konnte.«

Im Telefonbuch von Bad Rappenau gibt es einmal den Eintrag Gaul und dreimal den Eintrag Reiter.

In Bad Berneck befindet sich die Sebastian-Kneipp-Volksschule.

Feuchtwangen hat 91 Ortsteile.

Grüne Kunststoffmatten am Schwarzen Hügel des Regenberges: In Zella-Mehlis erfand »Mattenfuchs« Hans Renner 1954 die mittlerweile weltweit genutzten Unterlagen zum Skispringen im Sommer. Das flutscht.

A Siime: Ein Siebener ist das Mitglied einer Gruppe von sieben Vertrauensleuten einer Gemeinde, die über Grenzen und Grenzsteine wachen und in Streitfällen Entscheidungen treffen. Durch die ungerade Zahl 7 kann immer eine Entscheidung gefällt werden. Das Amt der Feldgeschworenen gilt lebenslang und ist das wohl älteste kommunale Ehrenamt in Franken.

15.500 Feldgeschworene sind noch in den fränkischen Regierungsbezirken aktiv – man arbeitet heute eng mit den Vermessungsämtern zusammen. Auf das »Siebenergeheimnis« muss man einen Eid ablegen und darf die Infos nur mündlich an den Nachfolger weitergeben – beispielsweise, wo Grenzen durch geheime Zeichen aus Glas, Ton oder Metall markiert sind.

Suu a Frankenvieh! Diese deutsche Hausrindrasse ist einfarbig gelb bis rötlich, Flotzmaul und Hörner haben eine helle, die Klauen eine dunkle Farbe. Das Fleisch ist gleichmäßig marmoriert und überdurchschnittlich zart.

Der Begriff »Hammleichdn« kommt aus der Zeit, als es noch keine Straßenbeleuchtung gab und sich Wohlhabende von einem Angestellten oder Diener mit einer Fackel »heimleuchten« ließen.

7 Kilometer lang! 16.000 Birnen! In Bayreuth hängt jedes Jahr die größte Weihnachts-Lichterkette Frankens.

Das fränkische Grundgesetz: § 1 Merr senn aa wer! § 2 Iebärn Berch fängt a annere Weld oh! § 3 Wenn die Worschd so digg wie's Broud is, isses worschd wie digg's Broud is! § 4 Bei uns senn sa aigschberrd, wou annersch laafm sa frei rüm! § 5 Ned gschimbfd is globd gnuuuch. § 6 Wenn mer fränggisch riidn koo, nochaddla waas mer a, wos gemannt is! § 7 Suu is des fai!

Lasst uns froh und munter … schreiben! Rund 80.000 Briefe ans Christkind erreichen jährlich das Weihnachtspostamt in Himmelstadt. Seit 1986 werden die Schreiben von einem himmlischen Helferteam fleißig beantwortet. Halleluja!

Das Fingerhutmuseum in Creglingen ist das einzige Spezialmuseum dieser Art – mit über 4.000 Exponaten aus aller Welt.

Witzige fränkische Ortsnamen: Busendorf, Franken, Gern, Hetzendorf, Hölle, Hundshaupten, Hunger, Loch, Ludersheim, Motten, Oberkotzau, Pfaffendorf, Platz, Schabernack, Schopfloch, Streitberg, Trieb, Untergeiernest, Wolkenstein.

Naila ist ein Mädchenname. Auf Indisch heißt es »die besonders Schöne«, »die Willkommene«, »die Unantastbare«. Und auf Arabisch: »Jemand, der seine Ziele erreicht«.

Im letzten Jahr wurden im Nürnberger Tiergarten von der Tiermedizin 875 Kotproben von Säugetieren, 221 von Vögeln, 82 von Reptilien und 11 von Amphibien parasitologisch untersucht. Und es wurden 140 tierische Röntgenaufnahmen gemacht.

Hammelburg ist die älteste Weinstadt Frankens – der Weinbau ist seit 777 bezeugt.

In Wolpertshausen gibt es 2.186 Einwohner – und 397 Photovoltaikanlagen. Die Stromproduktion im Bioenergiedorf beträgt pro Einwohner rund 4.414,70 kWh im Jahr.

Haaß senn sa – kolt wern sa. Beim Hofer Wärschdlamoh gibt es in der Fußgängerzone aus einem mobilen heißen Messing-Wurstkessel in der Semml: Wienerla, Weißa, Bauern oder Gnagger – mid oder ohne Sempft.

Der 49. Breitengrad verläuft mitten durch Dinkelsbühl.

Der 49. Breitengrad ist aber kein Breitengrad wie jeder andere – denn er markiert auch die vom elften amerikanischen Präsidenten James Knox Polk 1846 festgelegte, schnurgerade und sehr markante Grenze zwischen den Vereinigten Staaten von Amerika und Kanada. Sie ist mit 2.100 Kilometern die längste Grenze zwischen zwei Staaten weltweit.

Dadord! Am Sonntag, dem 12. April 2015 wurde der allererste Franken-Tatort ausgestrahlt mit dem Titel »Der Himmel ist ein Platz auf Erden«.

Für einen Franken bekommt man sieben Bolivianos.

Keine Panscherei mehr! Das Kitzinger Weingesetz von 1482 legte fest, was zukünftig im Wein enthalten sein durfte und was nicht. Dieses 1. Fränkische Weingesetz galt seinerzeit von Sachsen bis zum Bodensee.

Hot! In Bad Rodach befindet sich mit 35 Grad Celsius die wärmste Thermalquelle Frankens.

Franke heißt auf Englisch Franconian, auf Französisch Franconien, auf Italienisch Franco und auf Chinesisch Fú lán kă.

Das Wappen von Meiningen zeigt eine Stadtmauer mit fünf Türmen; auf zweien befinden sich Halbmonde. Diese wurden nur aus gestalterischen Gründen hinzugefügt und haben keinerlei Bedeutung bzw. keinen osmanischen Bezug. Im offenen Stadttor steht eine Henne – das Wappentier der Henneberger.

Durch Schleusingen fließt die Schleuse.

1925 erfand Albert Büttner in Lauf an der Pegnitz den Schuko-Stecker. Sein Patent DE 370538 bezieht sich auf ein Verfahren zum Zusammenhalten aller Teile der Buchse mit nur einer einzigen Schraube.

Das erste Geldinstitut in Franken stand ab 1774 in Neustadt an der Aisch. Heute befindet sich dort ein Essinstitut – die Gaststätte Grüner Baum.

Erst Flügelschlag, dann Handschlag. Im Greifvogelpark Katharinenberg bei Wunsiedel kann man heiraten – und sich die Ringe von einem Falken überbringen lassen. Hoffentlich wird dazu nicht Gioachino Rossinis Musik gespielt: »Die diebische Elster« ...

In Deutschland gibt es 20 Zeppelinsteine – drei davon in Franken. Das sind große Findlinge mit Inschrift, die an eine Landung, an eine Überfahrt oder an ein Unglück mit einem Luftschiff erinnern. Solche Gedenksteine wurden vor allem zu Zeiten großer Zeppelinbegeisterung vor und während des Ersten Weltkrieges aufgestellt.

Es gibt sogar einen Zeppelinstein in der Stadt Zepelin.

Das Puma-Logo aus Herzogenaurach besteht aus dem Kopf eines Pumas, dem Körper eines Panthers sowie Pumapfoten.

Die aktuell kuriosesten Babynamen in Franken lauten: Champagna, Cirilla, Holle, Cheyenne Savannah, Cassidy, Pepsi-Carola und Melusine bei den Mädchen – und Blue Ivy Carter, Jimi Blue, Pumuckl, Hilario und Holm bei den Jungen.

In Bad Brückenau gibt es 33 Brücken.

Wie heißt die fränkische Göttin der Abneigung, Depression, Frustration und Unzufriedenheit? Gläbbsders Naa!

Durch Gunzenhausen führt der 818 Kilometer lange Deutsche Limes-Radweg.

Johann Sigmund Schuckert errichtete 1878 in Schloss Linderhof nicht nur das erste Wärmekraftwerk der Welt, sondern entwickelte 1882 auch die erste dauernd betriebene elektrische Straßenbeleuchtung Deutschlands in der Nürnberger Kaiserstraße.

Das Bayerische Heimatministerium wurde 2014 in Nürnberg eröffnet. Markus Söder sagte dazu: »Heimat heißt: zu Hause sein, zu Hause bleiben und sich zu Hause fühlen.«

Die größte Weinprobe der Welt! In Nordheim am Main gab es im April 2018 zum 1.100-jährigen Weinbergjubiläum über 1.100 Weine aus Franken zu Verkosten. König Konrad I. hatte seinerzeit dem Kloster Münster-Schwarzach zwei Weingärten geschenkt. Insgesamt wurden beim Fest über 1.100 verschiedene Weine präsentiert.

1520/21 war der heute weltberühmte Bildschnitzer Tilman Riemenschneider Bürgermeister von Würzburg. Seine Skulpturen und Schnitzereien aus Lindenholz und Sandstein befinden sich in einem Radius von rund 100 Kilometern um die Stadt.

Im März 1996 erhielt der Asteroid 6145 den Namen Riemenschneider.

Haaßer Vuuchl: Adler hieß die erste Lokomotive, die am 7. Dezember 1835 um 9 Uhr vormittags von Nürnberg nach Fürth fuhr. Eigentlich sollte die Eröffnung bereits am Geburtstag Ludwigs I. am 25. August stattfinden. Der Zug bestand aus drei Personenwagen erster Klasse, vier Wagen zweiter Klasse sowie zwei Wagen der dritten Klasse.

Zwei Jahre zuvor hatten 207 Anteilseigner Aktien in Höhe von 132.000 Gulden gezeichnet – damit war die Ludwigs-Eisenbahn-Gesellschaft gegründet. Ein Jahr nach der Eröffnungsfahrt konnten bereits 20 Prozent Dividende gezahlt werden.

Da Fürth eine andere Ortszeit hatte als Nürnberg, musste die Uhr der katholischen Kirche nach der Eisenbahnuhr gestellt werden. Pünktlichkeit ging schon damals über alles.

Oberfranken liegt am Oberlauf des Mains, Unterfranken an dessen Unterlauf.

578 Meter: Bad Steben ist das höchstgelegene Staatsbad in Bayern. Der Großbuchstabe »R« im Wappen weist darauf hin, dass die Quelle radonhaltig ist. Istdasjetztgutoderschlecht?

Ziegenbier: Die fränkische Gasn'Moos ist ein Mischgetränk aus Cola, Asbach, Kirschwein und Bier. Määächat ich a!

»So sei itzo kundgetan, dass am heutigen Tage Trubadure ihre Sackpfeifen zur Demonstratio führen.« Jedes Jahr im September findet in Selb Europas größtes Mittelalter-Festival statt. Handgeklapper!

Am Punkt, wo die drei fränkischen Regierungsbezirke Unterfranken, Mittelfranken und Oberfranken aufeinanderstoßen, steht der sogenannte Dreifrankenstein – ein 280 Zentimeter großer Findling aus Muschelkalk. Die geografischen Koordinaten auf der Anhöhe im Steigerwald lauten 49° 45' 20,4'' N, 10° 33' 4'' O.

Der Nürnberger Fuß betrug einst 30,375 Zentimeter. Am 29. April 1869 führte Bayern per Gesetz zum Jahreswechsel 1872 das metrische System ein. Der bayerische Fuß wurde hierbei auf 29,1859206 Zentimeter festgelegt. Schnalld eich oh!

Rood amol, wer den Fahrradfreilauf und die Rücktrittbremse fürs Fahrrad erfunden hat. No kloor, Ernst Sachs – a Frank!

In Goldkronach im oberfränkischen Landkreis Bayreuth gibt es die Gärtnerei Übelhack.

Lidl-Gründer Dieter Schwarz aus Heilbronn ist aktuell der reichste Deutsche. Er kaufte seinem ehemaligen Geschäftspartner Ludwig Lidl die Namensrechte ab – weil der Discounter-König sein erfolgreiches Unternehmen nicht »Schwarz-Markt« nennen wollte.

Kadzagschroa ist ein besonderes Gericht: Es besteht aus Blutwurst mit Kartoffeln und Kraut. Und darf keinerlei Spuren von Katzen enthalten …

Das Skigebiet Ochsenkopf ist das höchste Skigebiet in Franken – es hat mit 1.024 Metern die höchste Skipiste sowie den höchsten Skilift.

Das älteste Spielzeugmuseum Deutschlands steht in Sonneberg. Es entstand 1901 und beinhaltet 100.000 Exponate aus aller Welt. Vor dem Ersten Weltkrieg kam jedes fünfte weltweit verkaufte Spielzeug aus der Weltspielwarenstadt – es gab 15.000 Einwohner und 2.395 Unternehmen!

»Rückgrad Hildburghausen« ist ein Verein für Gesundheit und Rehabilitation. Ob das was nutzt? Rückgrat schreibt man bekanntlich mit »t« …

Schnabelwaid im Landkreis Bayreuth hat auf seinem Wappen neben einem halben roten Adler einen geköpften Storch.

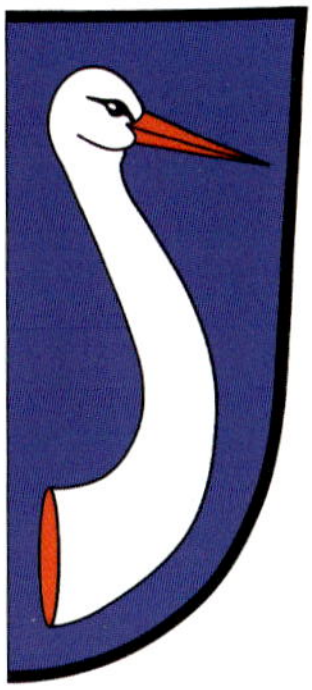

Eine 62,31 Meter hohe Douglasie im Main-Spessart bei Marktheidenfeld ist der höchste Baum Frankens.

Folgende fränkische Produkte tragen das EU-weit gültige Qualitätssiegel für »geschützte geografische Angaben«: Fränkischer Grünkern, Weideochse vom Limpurger Rind sowie Schwäbisch-Hällisches Qualitätsschweinefleisch.

Mit der Bezeichnung schützt die EU regional bedeutsame Produkte vor Nachahmung. Dafür müssen Erzeugung, Verarbeitung oder Vorbereitung für den Verkauf in dem bezeichneten Gebiet stattfinden.

Ein Fußgänger in Wassertrüdingen, der alle Gemeindestraßen abläuft, benötigt für die 63 Kilometer und 303 Meter insgesamt 17 Stunden und 35 Minuten.

Lusdi is di Foosenachd, wenn mei Mudde Käichli baggd; wenn si obbe kanne baggd, nou bfeif i aaf di Foosenachd.

Im Trebgaster Badesee ist laut Hausordnung jegliche Verwendung von Seife und sonstigen Reinigungsmitteln untersagt.

Das Öhringer Wappen zeigt den Schlüssel des Heiligen Petrus. Im 14. Jahrhundert war in den Siegeln der Stadt noch der ganze Heilige inklusive Schlüssel und Buch abgebildet – flankiert von zwei Ohren als Hinweis auf den Stadtnamen: die Siedlung an der Ohrn.

Einfach bärig. Einfach himmlisch. Die 15-jährige Celina Bär aus Himmelkron wurde 2018 Deutsche Meisterin, Europameisterin und in Singapur bei der Weltmeisterschaft der »World Fitness Federation« in der Aerobic-Klasse jüngste Miss Universe aller Zeiten. Das ist die Krönung!

Die fränkische Leuchte: Die Veste Heldburg im fränkisch geprägten Süden Thüringens hatte früher die Aufgabe, bei drohender Gefahr den fränkischen Nachbarburgen Feuerzeichen zu geben.

In Tettau wohnt eine Familie Dünnbier.

Fränggischer Hallodri: Der weltbekannte Playboy Gunter Sachs war nicht nur Industriellenerbe, sondern auch Kunstsammler, Fotograf, Dokumentarfilmer, Astrologe – und Bobfahrer. Deutschlands bekanntester Lebemann wurde auf Schloss Mainberg geboren und war in erster Ehe mit Brigitte Bardot verheiratet.

An einer Straßenlaterne hing ein A4-Blatt mit Abreiß-Adresse und folgendem Text: »Mein Freund ist weggelaufen … wie ein räudiger Dackel irgend so 'ner blonden Tussi hinterher. Wer Angaben zu der Frau oder zu meinem jetzigen Ex-Freund (Ingo L., 32, Bürokaufmann) machen kann, schreibt mir bitte unter der Chiffre: Komm_du_mir_mal_nach_Hause_Freundchen!«

Bad Friedrichshall ist ein Stadtteil von Bad Friedrichshall.

21 Buchstaben! Gschlachtenbretzingen ist der längste Ortsname im fränkisch geprägten Nordosten Baden-Württembergs und der drittlängste in ganz Deutschland.

30 Hektar: Der größte denkmalgeschützte Kurpark in Bayern befindet sich im mittelfränkischen Bad Windsheim.

»Schweinfurter Grün« hat die chemische Formel Cu(CH3COO)2 · 3 Cu(AsO2)2. Die giftige Farbe war im 19. Jahrhundert wegen ihrer Farbintensität beliebt und wurde auch als Pflanzenschutzmittel eingesetzt.

Das 500 Jahre alte Bergwerk »Gleisinger Fels« bei Fichtelberg ist das älteste in Franken.

Der fränkisch-schwäbische Jakobsweg läuft von Nürnberg bis zum Bodensee.

Alle Pilger jenseits der Alpen wurden in Italien und Spanien als »Franken« bezeichnet. Und auch die Wallfahrtswege erhielten entsprechende Namen: Via Francigena und Camino Francés (Jakobsweg).

Viele fränkische Pilger siedelten sich nach ihren Wallfahrten teilweise im jeweiligen Land an. So wurden beispielsweise in Spanien etliche Städte als Frankensiedlung gegründet – wie Estella, Logrono, Puente la Reina, Villafranca de Montes de Oca und Villafranca del Bierzo.

Die älteste Straße in Santiago de Compostela heißt Rua de Francos.

Ur-ald! Bei Schwarzenbach am Wald wurden in einem Hain die ältesten Fossilien Bayerns entdeckt: 520 Millionen Jahre alte versteinerte Kelchtiere, die auf dem Meeresboden lebten. Sellamohl zwischn Korolln, heid under de Baam.

Das »Malefizbuch Waischenfeld« ist ein historisches Gerichtsbuch aus der Zeit von 1680 bis 1751 mit Aufzeichnungen über Unglücksfälle und Verbrechen, wie Mord, Diebstahl oder Ehebruch und deren Bestrafung. Hold ausm echdn Leem!

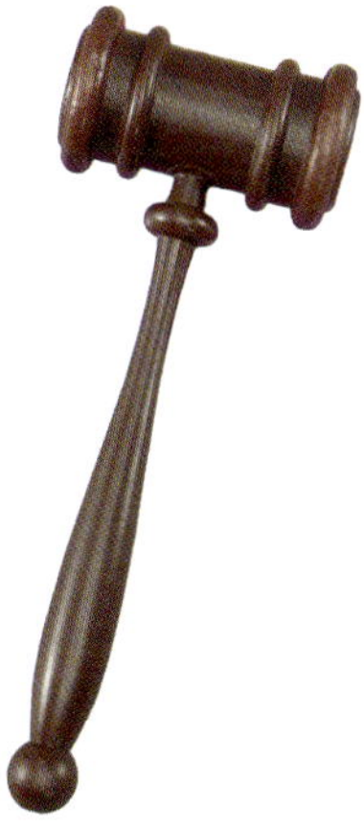

In Oberfranken gibt es auf 1.542 Einwohner eine Metzgerei und auf 2.085 Einwohner eine Bäckerei.

Ohne uns Franken würden die Amis immer noch nackt herumlaufen. Der 1829 in Buttenheim geborene Löb Strauss wanderte nach dem Tod des Vaters 1847 mit seiner Mutter und zwei Schwestern nach Amerika aus, wo seine beiden älteren Brüder bereits Textilhandel betrieben. Und nannte sich fortan Levi.

Levi Strauss fertigte für Goldgräber robuste Hosen aus Baumwolle – der Stoff wurde von der italienischen Stadt Genua aus verschifft. Aus der französischen Form des Städtenamens »Gênes« entwickelte sich die amerikanische Aussprache »Jeans«.

Der Baumwollstoff stammte aus der französischen Stadt Nîmes – dort wurde der »Serge de Nîmes« (Gewebe der Stadt Nîmes) produziert. Daraus wurde in Amerika der Begriff Denim. Da strapazierte Nähte oft rissen, wurden diese bald mit Kupfernieten verstärkt.

Der houd an Schloch. Für eine 125 Jahre alte Levis-Jeans blätterte ein Fan den Wahnsinnsbetrag von fast 100.000 Dollar hin. Sie wurde 1893 in Arizona gefertigt und hat Bundweite 44!

Das Unternehmen Schwanhäußer hat nicht nur den bruchfesten Stift Stabilo und den Textmarker, sondern bereits 1927 den Eyeliner entwickelt und 1945 sogar Einmal-Lippenstifte im Streichholzbriefchen. Die Hölzer waren anstelle von Zündmaterial mit einer roten Lippenstiftmasse überzogen. Der Slogan lautete: »Die Lilo und die Lola verwenden nur Lirola!«

Fränkischenglisch: God sigh dunk hammer fill sower crowd.

Über Volkach befindet sich in der Wallfahrtskirche Maria im Weingarten die »Schwebende Madonna im Rosenkranz« – das letzte Schnitzbild von Tilman Riemenschneider, entstanden 1521 bis 1524. Maria trägt auf dem linken Arm das Jesuskind, dieses hält in seiner linken Hand eine Birne.

Naila besteht unter anderem aus den Stadtteilen Bärenhaus, Brand, Dreigrün, Einsiedel, Finkenflug, Hölle, Hügel, Kalkofen, Molkenbrunn, Pechreuth, Schneckengrün und Schottenhammer. Ham die a Fantasie!

In Lauda-Königshofen gibt es den Radfahrerverein »All Heil«.

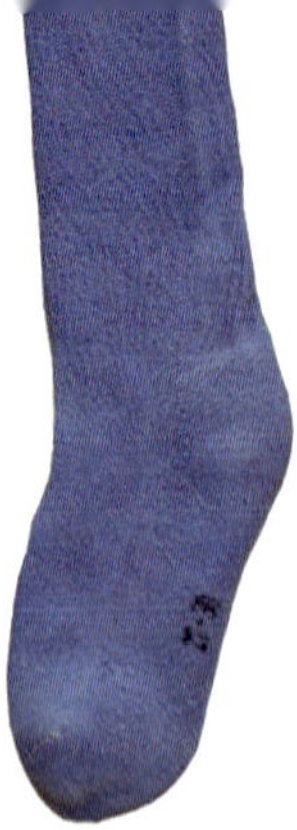

»Sockenschwein« – so hieß ein Internet-Hit, der am Schwanberg sowie in Iphofen und Rödelsee gedreht wurde. Knapp drei Millionen Aufrufe hat der Film bereits auf YouTube.

Das Künzelsauer Wappen zeigt das abgeschlagene bärtige Haupt Johannes des Täufers auf einer Schüssel.

Fränkische Ortsnecknamen: Altenkunstadter Hefen-Klüeß, Bamberger Zwiebeltreter, Breitenbacher Säustecher, Ebermannstadter Hungerleider, Gunzenhausener Pflasterscheißer, Hallstadter Krapfenbäcker, Kirchehrenbacher Baggersfresser, Neustadter Hundsfrasser.

In Bayreuth gibt es das Bestattungsinstitut Himml. Es ist das älteste der Stadt. Der Inhaber heißt Christ.

Die Dinkelsbühler haben zwei Spitznamen: Blausieder und Mondspritzer. a) Ein Ratsherr träumte bei einer Gerichtsverhandlung von einem blau gesottenen Wörnitzkarpfen und rief schlaftrunken zum Angeklagten: »Blausieden sollte man ihn!« b) Als in der Biedermeierzeit der Turmwächter von St. Georg eines Nachts Feueralarm auslöste, sah die Feuerwehr den blutroten Mond hinter dem Dach des Hauses aufgehen – dann hieß es: Wasser marsch! Aber das »Feuer« war einfach nicht zu löschen ...

Die älteste fränkische Stadt ist Würzburg – sie wurde im 7. Jahrhundert gegründet. Dort steht auch die älteste Kirche Frankens – die um 706 gebaute Marienkirche im inneren Burghof der Feste Marienberg.

In Bayreuth gibt es die Steuerberatungsgesellschaft Teufel und Partner.

157,7 Höhenmeter auf 6,8 Kilometer. Maximale Steigung 25 Prozent – mehr konnten die Dampfloks 1848 bei Eröffnung der Strecke nicht bewältigen. Die »Schiefe Ebene« ist der schrägste Abschnitt der Bahnlinie zwischen Bamberg und Hof.

In Zeiten des Kalten Krieges wurden 1983 bei Kilometer 79,7 in zwei neunsegmentigen Pfeilern Hohlräume angebracht, die im Ernstfall zur Explosion hätten gebracht werden können. Anrückende Truppen des Warschauer Pakts hätten so aufgehalten werden sollen.

Nürnberg hat 13 Städtepartnerschaften und acht Städtefreundschaften – das ist Rekord.

Pro-bier-n! Bei der Kulmbacher Bierwoche gibt es ... nur Bier! Kein Karussell. Keinen Autoscooter. Keine Schießbude. Dass dou fei kaaner cola-bier-t!

Oxford in England trägt dieselbe Bedeutung im Namen wie Ochsenfurt in Unterfranken: eine Furt für Ochsen.

Die Region Franken erstreckt sich über die Bundesländer Bayern, Baden-Württemberg, Hessen und Thüringen. Doch nicht alles, was man als Fränkisch versteht, ist auch Fränkisch. Am Untermain um Aschaffenburg beispielsweise wird Rheinfränkisch gesprochen, was wie Hessisch klingt. Und jenseits des Rennsteigs redet man Thüringer-Sächsisch. In Baden-Württemberg wird geschwäbelt.

Das ist Spitze. Nicht. An keinem der zehn größten deutschen Flughäfen wurden im letzten Jahr mehr Flüge gestrichen als am Airport Nürnberg. Die Ausfallquote lag bei 2,99 Prozent. NürnbÄrger!

Gstopfte Rumm. Für die Wallenfelser Spezialität werden Erdkohlrabi, Lauch, Wirsing, Karotten und Weißkohl zerkleinert, in Fässer gestopft, gesalzen und haltbar gemacht. Nach vier Wochen Gärung sind die »Rumm« dann fertig. Nix für Blähboys ...

In Spalt gibt es den Sportkegelverein »Gut Holz Spalt«. Hoffentlich nicht mit zu vielen Spreißeln!

Im Telefonbuch von Gaildorf gibt es bei den Familiennamen 1 x Kiss, 1 x Feucht, 1 x Nass und 1 x Fick.

Holladiewaldfee – im Naturpark Schwäbisch-Fränkischer Wald: Die Bürgermeister der Mitgliedskommunen küren alljährlich nicht die Schwäbisch-Fränkische, sondern nur die »Schwäbische Waldfee«. Als Markenbotschafterin steckt sie in einem Feenkleid, fährt mit einem Feen-Dienstwagen und trägt eine Feen-Amtskette. Oh, wie ist das feen!

Richard Wagner sagte einst zu einem Bekannten: »Wenn ich nach einem Konzert so ganz und gar fertig bin, habe ich nur ein Mittel gefunden, das mir wieder auf die Beine hilft: einen guten schweren Burgunder in ein großes Bierglas gegossen und auf einen Zug runter damit.« In seinem Weinkeller lagerten unter anderem 17 Flaschen Champagner, 41 Flaschen Cognac, 128 Flaschen Weißwein und 180 Flaschen Rotwein.

Dou brennt der Baam! Die Fürther Streichhölzer sind ein Jugendsinfonieorchester.

Ei-ei-ei. Mit elftausendelfhundertelf handbemalten Eiern gibt es in Bieberbach den größten Osterbrunnen der Welt. Eigentlich ist der Brunnen ein Löschweiher.

Pornobalken. Das Wappen von Plech zeigt einen Löwen mit zwei Schwänzen. Ein goldener Zensurbalken verdeckt sein Gemächt – nur der Zeichner weiß, warum.

Da biste blatt. Schwabach ist das weltweit bekannte Zentrum der Blattgoldherstellung. Die Goldschlägerstadt hat auf dem Rathaus zwei goldene Dächer – Innsbruck hat nur eines.

6.836 Schläge mit sechs unterschiedlich schweren Hämmern sind nötig, um das Gold so dünn wie möglich zu bekommen.

In Erlangen gab es eine Einhornstraße. Da das Straßenschild immer wieder von Unbekannten entwendet wurde, hat die Stadtverwaltung die Straße kurzerhand umbenannt – in Zweihornstraße.

Dem Ingeniör ist nichts zu schwör. In Schwarzenbach/Saale übersetzte Erika Fuchs knapp 50 Jahre lang die Micky-Maus-Comics – und prägte mit ihren prägnanten Texten nachhaltig die deutsche Sprache. Grübel. Schreib. Zack! Bumm!

Der Asteroid 31175 erhielt am 21. August 2013 ihr zu Ehren den Namen Erikafuchs.

Von Sack nach Strullendorf sind es per Luftlinie genau 38,13 Kilometer.

In jeden richtigen fränkischen Krapfen gehört Hiffenmark – ohne die rot-goldene Hagebuttenkonfitüre wäre das leckere Festtags- und Fastengebäck kein wirkliches Original.

Frangnnudella: Das eingekochte, blumig-süße Mark der roten Hagebutte ist in Franken auch ein beliebter Brotaufstrich am Frühstückstisch. Ausm Marmaladngloos.

Ein Männlein steht im Walde ganz still und stumm, es hat von lauter Purpur ein Mäntlein um. Die von Hoffmann von Fallersleben besungene Hagebutte ist in Franken von den Wald- und Wegesrändern inzwischen so gut wie verschwunden.

Der ehemalige US-Soldat Harry Gelbfarb eröffnete 1959 in Schweinfurt Deutschlands erstes Bodybuilding-Studio.

Wau! Im Schweinfurter Silvana-Freibad gab es am Ende der Freibadsaison einen Hundebadetag – für Herrchen bzw. Frauchen und Bello. Am »Dog Day« kostete der Eintritt für Hunde drei Euro und für den Halter einen Euro; aber Menschen durften ja auch nicht ins Wasser. Am End worn alla hundsschdaamäid.

Bamberg besitzt mit über 1.000 Baudenkmälern die größte und am besten erhaltene Altstadt Deutschlands.

Zwölf! Das Land mit den meisten Zeitzonen weltweit ist Frankreich – wegen seiner dutzenden außereuropäischen Territorien unter anderem im Pazifik, im Atlantik und im Indischen Ozean. Franzuusn woarn hald a amol Franggn.

Bindlach geht entweder auf den Begriff Binsenlache zurück (altsächsisch Binutlaka) oder auf das slawische Pnetluky – das »Dorf der Leute, die Stämme schlagen«.

»Ihr Geschäft ist unser täglich Brot« – mit diesem Slogan wirbt die Firma »Franken WC« auf ihren blauen mobilen Toilettenhäuschen. Und platzierte eines direkt vor einer Kirche. »Unser tägliches Brot« ... ist eben auch der Toilettengang.

Gesagt, getan. Im Dezember 2018 hat im fränkischen Dörfles-Esbach bei Coburg ein Unbekannter einen alten Automotor an einem Bahnübergang entsorgt – und das entsprechende Verkehrsschild wörtlich genommen: »Bei geschlossener Schranke: Bitte Motor abstellen. Danke!«

Bad Kissingen hat den ältesten Golfplatz Bayerns. Bereits 1911 lief man hier von Loch zu Loch.

Wou pistn? Das größte Skigebiet Frankens mit 13 Kilometer Pistenlänge liegt am Kreuzberg in Bischofsheim an der Rhön.

Pyrbaum hat auf dem Wappen einen Birnbaum mit acht goldenen Früchten – und ist die Gemeinde mit dem größten zusammenhängenden Waldgebiet Bayerns.

Fränkischenglisch: God sigh dunk hammer fill sower crowd.

In Karl Mays Roman »Weihnacht« trifft Old Shatterhand in Rehau eine arme Familie, der er seine Reisekasse überlässt, damit diese nach Amerika ausreisen kann. Jahre später trifft er dort in der Stadt Weston die Familie wieder, die ihn bittet, nach einem vermissten Verwandten in den Rocky Mountains zu suchen. Mit Winnetou macht er sich auf den Weg.

18 Minuten. 550 Flugzeuge. 400.000 Stabbrandbomben. Würzburg wurde im Zweiten Weltkrieg an einem Tag so schwer beschädigt, dass man zunächst erwog, die Stadt an einer anderen Stelle ganz neu zu gründen.

In Feucht gibt es das Betten-Fachgeschäft Poppmeier.

Die Gemeinde mit der höchsten Brauereiendichte ist Aufseß – hier kommen vier Brauereien auf nur 1.316 Einwohner. Weltrekord. Es gibt sogar einen 13 Kilometer langen Brauereienwanderweg. Laafm und neileichdn!

Suu a Saachdabbn. In Nürnberg kehrte ein unverfrorener Ladendieb in dasselbe Geschäft zurück, wo er zwei Tage vorher ein Smartphone gestohlen hatte. Nein, er hatte kein schlechtes Gewissen – er wollte sich die Bedienung des Gerätes von einem Fachmann erklären lassen. Stattdessen musste er der alarmierten Polizei seine Selbstbedienung erklären.

Im Telefonbuch von Helmbrechts gibt es zweimal den Eintrag Helm.

Der Pokal hat seine eigenen Gesetze. Diese Weisheit passt ganz besonders auf Frankens schönsten Sieg gegen die Bayern – als am 14. August 1994 der TSV Vestenbergsgreuth den amtierenden deutschen Meister FC Bayern München in der ersten Runde des DFB-Pokals mit 1:0 nach Hause schickte.

Die Entfernung von Naila in Oberfranken zum Nordpol beträgt 4.425 Kilometer.

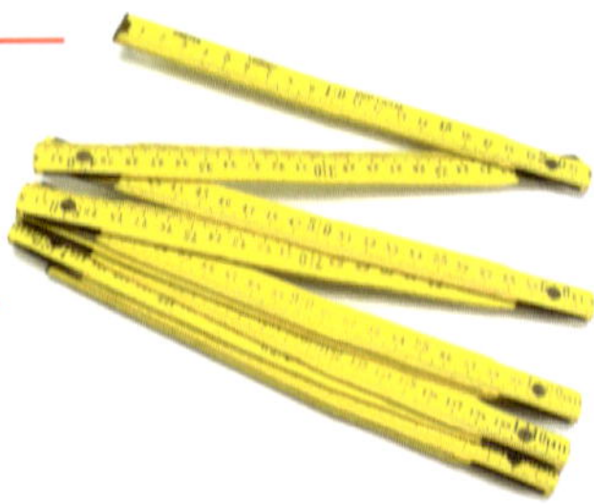

Cranach aus Kronach mold'n Kranich. Lucas Cranach der Ältere (1472–1553) wurde in Kronach geboren. Der Maler, Grafiker und Buchdrucker verwendete als Signatur eine gekrönte und geflügelte Schlange mit Ring im Maul.

Nass sowas! In Külsheim gibt es im Stadtgebiet 18 Brunnen.

Schlangenkopffische werden in den Vereinigten Staaten »Frankenfisch« genannt. Die aggressiven Raubtiere können sogar an Land robben, um Frösche, Vögel oder kleine Säugetiere zu vertilgen. Die bis zu acht Kilogramm schweren Frankenfische können Luft atmen, bis zu vier Tage an Land überleben, sich schnell vermehren und kommen mit rauen Wintern sehr gut zurecht. Echte Franken halt …

»Frankenfish« ist ein US-amerikanischer Horrorfilm von Regisseur Mark A. Z. Dippé aus dem Jahr 2004, in dem genmanipulierte Monsterfische in den Sümpfen von Louisiana ihr Unwesen treiben. Ned schee!

Günther Beckstein aus Hersbruck war der erste evangelische Ministerpräsident Bayerns.

In Oberkotzau wohnten früher die Ritter von Kotzau.

Zum Frankenwald gehören folgende Berge: Auf der Wach, Bocksberg, Döbraberg, Erbisbühl, Friedelhöhe, Geuserberg, Klößberg, Knöcklein, Kulmberg, Langesbühl, Radspitze, Rauhenberg, Schleifenberg, Schneidberg, Sonneberger Berg, Spitzberg, Steinbruchberg, Steinigter Hügel, Veiteknock, Wetzstein.

Neckarsulm hat mehr Arbeitsplätze (30.187) als Einwohner (27.593).

Ich saz uf eime steine. Der bedeutendste deutschsprachige Lyriker des Mittelalters liegt in Würzburg begraben. Von Walther von der Vogelweide sind 500 Strophen in über 110 Formen überliefert sowie 90 Minnelieder. Sein Geburtsort ist unbekannt – es gab nämlich im Mittelalter in der Nähe von Burgen und Städten etliche Vogelweiden, wo man Falken für die beliebte Falkenjagd hielt.

Tuten und Blasen: Der 1865 gegründete Posaunenchor Neuendettelsau ist der älteste Posaunenchor Frankens.

Die gehn stiftn! Im August 2018 haben 100 Mitarbeiter von Staedtler den längsten Stift der Welt produziert: 459,97 Meter am Stück! Absoluter Weltrekord.

Öko-mene. Wer macht heute sauber? Sieben Kirchen in Franken sind sogenannte Simultankirchen – sie werden sowohl für den evangelischen als auch für den katholischen Gottesdienst genutzt. Das ist Öko und Ökumene zugleich.

Bembers. Der fränkische Comedian Roman Sörgel hat seinen Künstlernamen von der Kindelwindelmarke »Pampers« abgeleitet – und mit dem fränkischen weichen B »verfeinert« …

Geh zu, bleib do. Pflaums Posthotel war eines der besten Häuser in Deutschland. Im Pegnitzer Luxushotel nächtigten unter anderem Michael Jackson, Andy Warhol, Helmut Schmidt, Franz Josef Strauß, Michail Gorbatschow, Leonard Bernstein, Placido Domingo, Birgit Nilsson und andere Berühmtheiten.

Es war das erste Hotel weltweit, das seinen Prospekt auf einer CD-ROM anbot. Und das erste Hotel in Deutschland mit einer Internet-Bar.

Im November 911 wurde Konrad in Forchheim von den Wahlmännern der Franken, Sachsen, Bayern und Schwaben zum ersten deutschen König gewählt.

Zündapp-Motorräder wurden produziert in der Zünder-Apparatebau-Gesellschaft m.b.H. in Nürnberg.

O Sole mio! Salz diente früher zum Konservieren und Würzen von Lebensmitteln sowie als Zahlungsmittel. Bereits im 16. Jahrhundert nutzte man in Salzungen die dortigen Salzquellen zur Heilung und nannte diese Orte Sauerbrunnen. 1821 entstand das erste Badehaus – und 1933 wurde der Stadt der Titel »Bad« verliehen.

Das Felsendorf Tüchersfeld zählt zu den 100 schönsten Geotopen Bayerns. An einigen Felsen kann man klettern – die einzelnen Routen haben kreative Namen: Zitterbacke, Denkprozess, Flower Hour, Tanzender Asphalt, Stimmung im Keller, Schlemmerplatte.

Als 1954 ein Heilbronner Abgeordneter des Landtags von Baden-Württemberg das Wort »Badenser« gebrauchte, intervenierte der nordbadische CDU-Abgeordnete Franz Gurk umgehend und rief durch den Saal, er werde ihn künftig als »Heilbronnser« bezeichnen. Bronnsen bedeutet auf Schwäbisch Pinkeln.

Zu Lauf an der Pegnitz gehören unter anderem die Orte Lauf, Wetzendorf, Dehnberg, Heuchling und Kotzenhof.

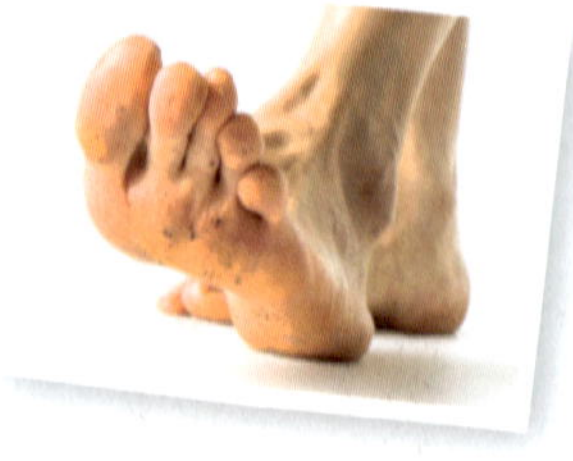

Die Zwölf Apostel stehen frei am Hang des Altmühltals – die Kalkfelsen östlich von Solnhofen sind Reste eines ehemaligen Riffs im tropischen Jurameer. Am Ende der Felsgruppe befindet sich das Gasthaus »Zum 13. Apostel«.

The Twelve Apostles stehen im Meer zwischen Princetown und Port Campbell – die Kalkfelsen sind nach dem Ayers Rock (Uluru) die meistfotografierte Touristenattraktion Australiens. Und jetzt ein kleines Geheimnis: Es sind in Wirklichkeit nur neun.

Waltraud und Mariechen, die beiden Witwen und Bühnenfiguren des Kabarettisten-Duos Volker Heißmann und Martin Rassau, heißen vollständig Waltraud Lehneis und Mariechen Bezold.

Sauhaaß huuch drei: Die höchste Temperatur in Franken wurde am 07.08.2015 in Kitzingen gemessen: Das Thermometer zeigte sagenhafte 40,3 Grad.

Rauf aufs Treppchen! 380 Medaillen bei Olympischen Spielen, Welt- und Europameisterschaften! 650 Medaillen bei Deutschen Meisterschaften! Der Fecht-Club Tauberbischofsheim zählt zu den erfolgreichsten Sportvereinen weltweit.

In Suhl wirbt der Verein Rabeneltern mit der Info: »Für Rabeneltern und solche, die es werden wollen …«

Ab 1528 entwickelte sich in Fürth eine der bedeutendsten jüdischen Gemeinden im süddeutschen Raum. Christen und Juden wohnten nie wie anderswo separat, sondern immer ganz normal in guter Nachbarschaft zusammen.

Nürnberger, die mit der Ludwigseisenbahn oder der Straßenbahn nach Fürth fahren wollten, verlangten oft beim Schaffner eine Fahrkarte mit den Worten: »Einmal nach Jerusalem, bitte!«

600 Quadratmeter. 40 Meter lang. 15 Meter breit. 5 Meter hoch. Unweit des Ochsenkopf-Gipfels befindet sich der sogenannte Goethefelsen – die markante Felsformation hat der deutsche Dichter und Naturforscher im Jahr 1785 zeichnerisch festgehalten.

Der Dommy. Moderator und Unterhaltungskünstler Thomas Gottschalk ist 192 Zentimeter groß und hat in 33 Filmen mitgespielt. Er kam 1950 in Bamberg zur Welt und verbrachte seine Jugend in Kulmbach.

Selbitz hieß früher Seilbitz, Selwitz, Selwicz, Selbicz und Schelwitz. Josef Witt ist der einzige Ehrenbürger der Stadt. Er war der Gründer des Textilhauses Witt Weiden.

Im Telefonbuch von Rot am See gibt es bei den Familiennamen 2 x Braun, 1 x Weiß, 1 x Schwarz – aber keinmal Rot. Und es gibt 2 x Bach – aber keinmal See.

Fränkische Ortsnamen in Mundart: Aschebersch (Aschaffenburg), Anschba (Ansbach), Zindof (Zirndorf), Moard (Mainhardt), Kinzlsâ (Künzelsau), Laidäschausn (Leutershausen), Mürschd (Münnerstadt), Schweifert (Schweinfurt).

Die letzte deutsche Postkutsche verkehrt noch heute – zwischen Bad Kissingen und Bad Bocklet.

Ich lach mich tot: Deutschlands schönste Bestatterin kommt nicht aus Franken. 75 Kandidatinnen hatten am Contest teilgenommen – schließlich wurde eine Schwarzwälderin zur »Miss Abschied« gekürt. In ihrem Traumjob hat sie viel mit Menschen zu tun.

»Wäre, wäre, Fahrradkette«. Lothar Matthäus wurde in Erlangen geboren und heißt mit zweitem Vornamen Herbert.

Weltliteratur to go: Michael Sommer hat über 150 Märchen, Romane, Dramen und Geschichten mit Playmobilfiguren aus Zirndorf verfilmt – reduziert auf nur wenige Minuten. Er erhielt 2018 den Grimme Online Award. Sein Kanal auf YouTube wurde in der Kategorie »Kultur und Unterhaltung« ausgezeichnet.

Mein lieber Freund und Kupferstecher! Der Kupferstecher Johann Peter Haseney aus Zella-Mehlis fertigte 1849 für das Königreich Bayern die allererste deutsche Briefmarke. Der »Schwarze Einser« hat heute einen Sammlerwert von rund 50.000 Euro.

A Marmaladnamala hamma zwar a ana dahamm, abbara Rhabarbamamalaad hamma dahamm kanna.

Fränkische Linie: So wird der Steilabfall des Fichtelgebirges, des Franken- und Thüringer Waldes nach Südwesten hin bezeichnet. Hier verläuft eine bedeutende Bruchlinie der Erdkruste, die vor rund 55 Millionen Jahre entstand.

700 Einwohner. 400 Mitwirkende. Aufführungen alle 5 Jahre. Das unterfränkische Sömmersdorf bei Schweinfurt ist der kleinste Passionsspielort Europas.

Der höchste Berg Frankens ist der Schneeberg im Fichtelgebirge mit 1.051 Metern. Der Aussichtsturm heißt Backöfele – dort sollen im Dreißigjährigen Krieg in die Berge geflüchtete Bewohner Brot gebacken haben.

Freggala laaf! In Würzburg wurde 1127 das erste Ritterturnier auf deutschem Boden ausgetragen.

Unter den zehn deutschen Drei-Sterne-Restaurants 2019 (Guide Michelin) findet sich keines in Franken. Alexander Herrmann by Tobias Bätz, das »Essigbrätlein« in Nürnberg sowie das »Sosein« in Heroldsberg haben zwei Michelin-Sterne.

Sechs auf vier Meter: In Kirchschönbach steht die kleinste Faschingsbühne der Region – die Sitzungen des Carneval Clubs CCK werden im Pfarrsaal abgehalten.

Ein Haller, Häller oder Heller ist die Bezeichnung für eine mittelalterliche Münze im Wert eines halben Pfennigs – benannt nach der Stadt Hall, in der die Heller einst geprägt wurden. Lateinisch »denarius hallensis«.

Nach Konflikten mit dem Landgericht Würzburg, das die Zuständigkeit beanspruchte, erklärte 1442 der Rat der Stadt Hall, sie heiße jetzt Schwäbisch Hall und liege auf schwäbischem Erdreich.

1820 führte der württembergische König Wilhelm I. schwarze chinesische Meishan-Schweine ein – die älteste Rasse der Welt. Durch Kreuzung mit einheimischen Rassen entstand das Schwäbisch-Hällische Landschwein, auch Mohrenköpfle genannt. Die Bäuerliche Erzeugergemeinschaft, die die Tiere vermarktet, hat ihren Sitz in Wolpertshausen.

Forever number one: Das auflagenstärkste Druckwerk in deutscher Sprache mit 7,5 Millionen Exemplaren war … im Jubiläumsjahr 1977 der 930 Seiten starke Quelle-Katalog. Quelle war seinerzeit mit jährlich 25 Millionen Päckchen auch der größte Einzelkunde der Deutschen Post.

Der häufigste Nachname in Franken ist Müller, gefolgt von Huber, Schmidt und Aumüller.

Die fränkischen Panzerreiter gelten als Vorläufer der mittelalterlichen Ritter. Sie verteidigten ab dem 8. Jahrhundert als schnelle Eingreiftruppe das Frankenreich unter anderem gegen Wikinger und ungarische Reiterscharen.

Da die fränkischen Krieger selbst für ihre Reiterrüstung aufkommen mussten, konnten auch nur Wohlhabende und Adelige in dieser Waffengattung dienen. Alleine ein komplett ausgestattetes Pferd hatte den Gegenwert von 12 Kühen. Ein Brustpanzer kostete 6 Kühe. Für Helm, Schwert mit Scheide, Lanze, Schild und Hose mussten nochmals 32 Kühe »hingeblättert« werden. Dees kuh doch kanner zohln!

Die höchste jemals in Franken gemessene Schneemenge lag am 7. März 1970 auf dem Ochsenkopf: 185 Zentimeter.

Adelheid Louise Theresa Caroline Amelia von Sachsen-Meiningen war ab 1830 Königin von Großbritannien und Irland. Sie ist 1792 in Meiningen geboren und aufgewachsen und gab der australischen Stadt Adelaide sowie der südafrikanischen Stadt Adelaide ihren Namen.

Erlangen heißt auf Tschechisch Erlanky.

Der größte Binnensegelhafen in Deutschland liegt am Südufer des Großen Brombachsees. Am Stausee im Süden Mittelfrankens gibt es 600 Wasser- und 150 Landliegeplätze, eine Doppelsliprampe, Bootskräne bis fünf Tonnen sowie ein Segelzentrum mit Klubheim.

Mittelalterliches Sponsoring: Das Brezelfenster im Münster St. Georg von Dinkelsbühl war um 1498 eine Stiftung der damaligen Bäckerzunft. Fünf Brezn aus Stein – die halten ewig.

In Roth wohnt Frau Möse.

Eppingen unterhält eine Städtepartnerschaft mit Epping in England. Epping ist Endstation der Central Line – eine U-Bahn-Linie der London Underground, der ältesten U-Bahn der Welt mit dem größten Schienennetz Europas.

UNDERGROUND

Big Teddy. In Sonneberg gibt es den größten Teddybären der Welt. Er misst im Sitzen 3,4 Meter und im Stehen 5,6 Meter und befindet sich im Deutschen Teddybären Museum. Aber auch den allerkleinsten Teddy kann man bestaunen – er kommt auf stolze 3,4 Millimeter. Teddyssimo!

Hosda mol a Woongrood? Auf dem Autohof Wörnitz findet alle zwei Jahre Frankens größtes Nutzfahrzeug-Oldtimertreffen statt.

Der Bahnhof Lichtenfels hat sechs Gleise: 1, 2, 3, 5, 6, und 7. Das Gleis 4 fehlt.

In der amtlichen Beschreibung des Strullendorfer Wappens heißt es: »... oben ... drei schwarze Mohrenköpfe, unten eine goldene Biene«. Ob das die Sprachpolizei schon gelesen hat?

»Nürnberger Puppe« heißt eine komische Oper in einem Akt von Adolphe Adam. Die Uraufführung von »La poupée de Nuremberg« war 1852 in Paris.

Doh hoggng die, wou imme' doh hoggng. In Berlin, Frankfurt und München gibt es einen Frankenstammtisch. Wer mooch, ko kumma.

Der 1. FC Nürnberg ist mit 22.870 Mitgliedern der größte Verein Frankens – dicht gefolgt von Post SV Nürnberg mit 19.500 Mitgliedern, 100 Sportarten und 55 Sportstätten.

Weiße Rose: Die Widerstandskämpferin gegen den Nationalsozialismus Sophie Scholl wurde in Forchtenberg geboren. Ihre Mutter war bis zur Eheschließung Diakonisse.

In Nürnberg gibt es die Firma Wüst-Design.

Quer über die Autobahn: Das Rasthaus Frankenwald an der A 9 bei Hof war Deutschlands erste Brückengaststätte und wurde 1967 in Betrieb genommen. Es ist der gastronomische Teil der beiden gegenüberliegenden Autobahnraststätten Frankenwald West und Frankenwald Ost.

Hartes D und weiches T: Hallstadt im Landkreis Bamberg pflegt eine Städtepartnerschaft mit Hallstatt in Österreich. Bamberg wiederum ist Städtepartner des österreichischen Hallstadts mit weichem T.

Zeiselesfänger ist der Spitzname der Bewohner von Feuchtwangen. Als in der Biedermeierzeit der Zeisig der Bürgermeistersgattin aus dem Vogelkäfig flog, bat diese ihren Mann um Hilfe. Daraufhin ließ der Bürgermeister alle Stadttore schließen. Ganz schee daab …

Der obergermanisch-raetische Limes ist mit 550 Kilometern das längste Bodendenkmal Europas – 158 Kilometer davon führen durch fränkisches Gebiet.

Steinfeld in Unterfranken war von 1806 bis 1819 badisch und trägt noch heute den roten Balken auf gelbem Grund im Wappen.

Fränkischenglisch: Mere hum blows crowd wiggle hide.

Klingeling, hier kommt der Eiermann! Im Stadtmuseum Schwabach befindet sich Europas größte Eiersammlung mit rund 10.000 Exponaten. Ei-ei-ei.

Elefantenohr. Bienenkorb. Millionär. Orientalische Stadt. Viele Tropfsteingebilde der 900 Meter langen Sophienhöhle bei Ahorntal im Landkreis Bayreuth haben kreative Namen. Sie gilt als eine der schönsten Schauhöhlen Deutschlands.

Die oberfränkische Sophienhöhle ist dazu eine der noch aktiven Tropfsteinhöhlen des Landes. In ihr wurden Knochen gefunden und zu einem Höhlenbärenskelett zusammengefügt – es gilt als das vollständigste weltweit.

Lichd oo, Baam brennd! Zum 1.100-jährigen Bestehen der Stadt wurde in Nordheim an Weihnachten 2018 keine Tanne aufgestellt – sondern eine riesige 1.100 Kilo schwere Baumkonstruktion aus 1.100 grünen Bocksbeutel-Flaschen. O du flaschige!

In Fichtelberg am Fichtelsee befindet sich auf 800 Metern der höchstgelegene Campingplatz Frankens.

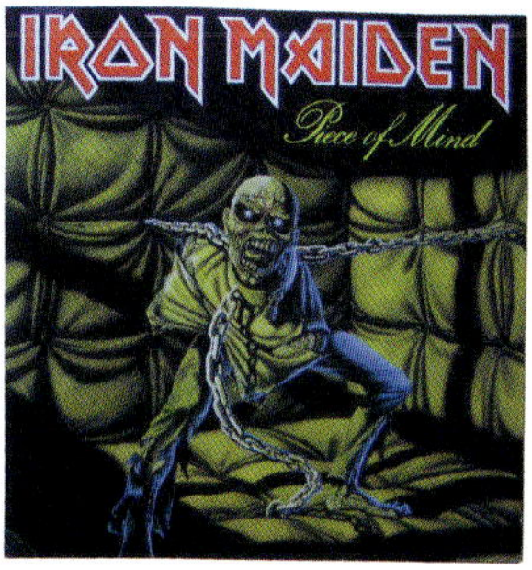

Die Heavy-Metal-Band Iron Maiden hat ihren Namen von der »Eisernen Jungfrau« – einer metallbeschlagenen hohlen Figur aus Holz, teilweise mit Stacheln auf der Innenseite, in der im Mittelalter Menschen komplett eingeschlossen und gefoltert wurden. Sie ist auch als »Nürnberger Jungfrau« bekannt.

Die ham Schneid! Die »Barber Angels« sind ein bundesweit wohltätiger Verein von Friseuren und Friseurinnen, die Bedürftigen und Obdachlosen kostenlos die Haare schneiden. Viele Städte sind vertreten – leider macht bislang noch niemand aus Franken mit. Also: Kamm on!

Holladiebierfee – Drei Braumeisterinnen aus Hof und Memmelsdorf bieten als »fränkische Braufeen« eine besondere Bierspezialität für Frauen unter dem Markennamen »Holla die Bierfee« an.

Der gebürtige Nämbercher und bayerische Ministerpräsident Markus Söder heißt vollständig Markus Thomas Theodor Söder.

Der allererste geodätische Referenzpunkt Bayerns zur Ermittlung geografischer Koordinaten wurde in Gunzenhausen erstellt.

Richard Wagner schrieb seine Opern in historischen Kostümen.

Minimini: Die kleinste Brauerei der Welt steht im Brauer- und Büttnermuseum in Weißenburg. Die betriebsfähige Anlage im Puppenformat hat eine Ausstoßmenge von 500 Millilitern. Prost!

Eine Million Schweizer Franken hätte in 10-Franken-Noten ein Gewicht von 79,25 Kilogramm. Der Geldstapel mit 100.000 Geldscheinen ist zehn Meter hoch und hat ein Volumen von 93,24 Litern.

Der Apotheker Dr. Carl Soldan hat 1933 nicht nur die Em-eukal-Rezeptur mit Eukalyptus und Menthol erfunden, sondern auch die Frostschutzseife. Die hellgrün umwickelten Gutsele/Bomberla bekamen seitlich eine »rote Fahne« – damit Bergarbeiter unter Tage auch mit schmutzigen Kohlehänden die Bonbons geschickt öffnen konnten.

Ach Good! Gößweinstein ist der größte Dreifaltigkeits-Wallfahrtsort Deutschlands. Im Museum befindet sich mit 110 lebensgroßen bekleideten Wachsfiguren die größte Sammlung überhaupt – es sind vor allem Votiv- und Weihefiguren.

In Stadtsteinach gibt es eine Fernseh-Interessengemeinschaft.

Da biste paff! Der Rauchklub Großschwarzenlohe wurde 2018 Süddeutscher Meister im Pfeifelangsamrauchen und holte bei den Deutschen Meisterschaften die Bronzemedaille. 2019 feiern die Sportraucher 100-jähriges Bestehen.

Die Regeln sind ganz einfach: 1 Pfeife. 3 Gramm Tabak. 5 Minuten Zeit zum Stopfen. 1 Minute Zeit zum Anzünden. Wer am längsten raucht, gewinnt. Den Weltrekord halten Italiener mit sagenpafften 3 Stunden, 33 Minuten und 6 Sekunden.

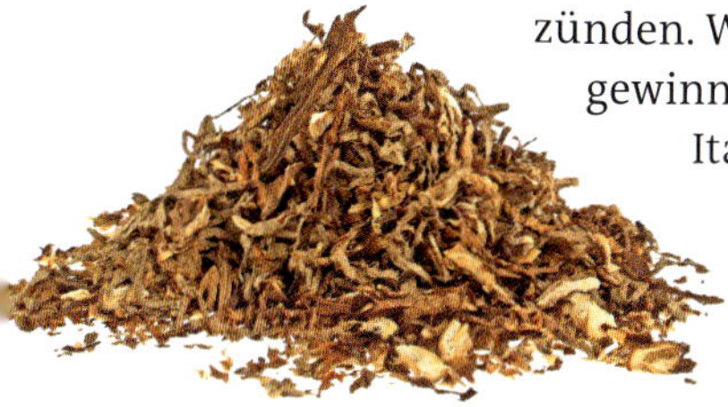

Fremma. Im 18. Jahrhundert wanderten zehntausende Franken in die USA aus. Gründe der Völkerwanderung waren unter anderem politische Unterdrückung, religiöse Intoleranz, die steigende Arbeitslosigkeit, hohe Abgaben aller Art – aber auch Abenteuerlust und Unternehmungsgeist.

Ansbach ist ein etwa ein Kilometer langer Bach in Hessen, der in die Usa mündet.

In Frankenmuth (Michigan, USA) befindet sich »Bronner's Christmas Wonderland« – der größte Weihnachtsladen der Welt. Auf 29.700 Quadratmetern, so groß wie zwei Fußballfelder, werden über 50.000 Artikel angeboten. Jedes Jahr besuchen zwei Millionen Kunden die vom fränkischen Auswanderer Wally Bronner gegründeten Verkaufshallen.

Sulzdorf an der Lederhecke ist Mitglied der »Kommunalen Allianz Fränkischer Grabfeldgau«. Namen gibt's …

Gott sei Dank bin ich a Frank! Wertheim liegt in Tauberfranken und ist die nördlichste Stadt Baden-Württembergs.

Im Hällisch-Fränkischen Museum gibt es eine Mausefalle von 1800 in Form einer Guillotine mit der Aufschrift »Du sollst nicht stehlen«.

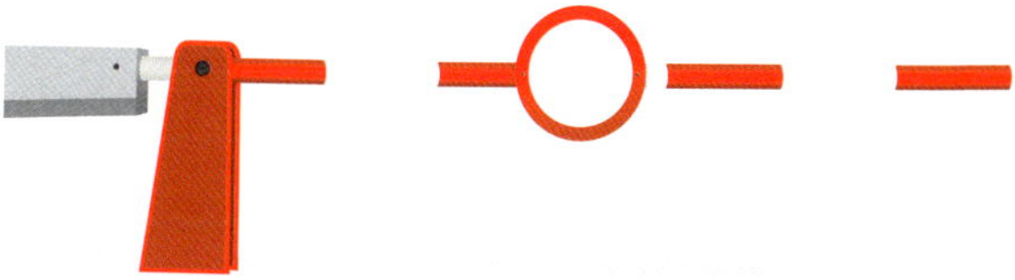

41 Jahre lang lief die innerdeutsche Grenze mitten durch Mödlareuth. So kam der Ort zum Spitznamen »Little Berlin«.

Heute wohnen in Mödlareuth 16 Einwohner im Bundesland Bayern und 24 in Thüringen. Es gibt unterschiedliche Telefonvorwahlen, Postleitzahlen und Ortsschilder, die Einwohner wählen getrennt und besuchen sogar unterschiedliche Schulen.

Größte Blume der Welt: Ende Mai 2018 war es im Ökologisch-Botanischen Garten der Uni Bayreuth wieder so weit. Die Titanwurz aus Sumatra blüht nur alle drei Jahre für eine Nacht und kann bis zu drei Meter groß werden. Der erbärmliche Gestank soll einen Tierkadaver vortäuschen, um Fliegen für die Bestäubung anzulocken. Titanwurz? Titanfurz!

Der kälteste Fleck des Universums liegt zwischen zwei Magnetspulen der Miltenberger Firma Oswald Elektromotoren: Minus 273,15 Grad. Brrr!

In Feucht gibt es ein Waldbad mit dem Namen Feuchtasia.

Den Rest der Wurst nennt man Schnerbfl.

Der erste bedeutende Mathematiklehrer in Deutschland: Adam Ries(e) wurde 1492 in Bad Staffelstein geboren. Er gilt als Vater des modernen Rechnens. Riese verwendete statt der römischen Zahlen die einfacheren arabischen Ziffern, führte schriftliche Rechenmethoden ein und etablierte die Zahl Null.

Das erste Werk des weltberühmten Rechenmeisters hieß »Rechnung auff der Linihen und Federn / Auff allerley handthirung gemacht«. Er schreib als Erster seine Bücher nicht wie üblich in Latein, sondern zum besseren Verständnis auf Deutsch.

Auf über 6.300 Hektar Rebfläche werden in Franken pro Jahr rund 44 Millionen Liter Wein produziert.

Forchheim hat unter anderem eine Städtepartnerschaft mit Rovereto in Oberitalien, im Trentiner Etschtal. In Forchheim gibt es Föhren, in Rovereto Eichen. Roboretum heißt auf Latein Eichenwald.

Eine weitere Städtepartnerschaft besteht mit der tschechischen Stadt Broumov, auf Deutsch: Braunau. Da Reichspräsident Hindenburg dachte, Adolf Hitler stamme aus diesem böhmischen Braunau, nannte er ihn immer »den böhmischen Gefreiten«.

Europas schönste Naturrennstrecke für Motocross befindet sich in Gaildorf. Es gibt auch einen Campingplatz für Besucher – die Duschen befinden sich direkt im Fahrerlager-Gebäude.

Die Region Franken wird von etwa fünf Millionen Menschen bewohnt.

Witzige fränkische Ortsnamen: Äpfelbach, Eisenhammer, Geilsheim, Hetzlos, Knochenhof, Lauter, Löffelsterz, Mausdorf, Muckenreuth, Neuwelt, Ochsenschenkel, Sauerhof, Saugendorf, Streit, Strullendorf, Wachholderbusch, Waldfenster.

Vorsicht, heiß und spitzig! Ernst Sachs aus Schmalfelden hat den elektrischen Lötkolben erfunden.

Kartoffeln haben wegen der großen Sprachvielfalt Frankens ganz unterschiedliche Bezeichnungen: Erbfl, Grumbera, Bodaggn, Ebbiirn, Grumbiirn, Erdebfl, Ärbfl, Grumbern, Aadöbfl, Errbiire, Errebfl.

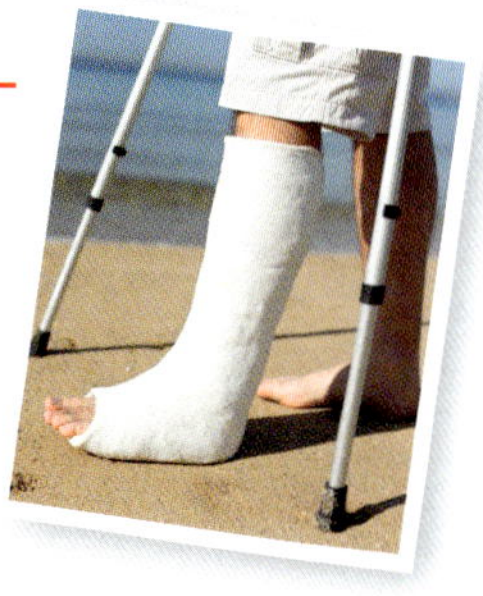

Beim Taubertal-Festival ereignen sich regelmäßig Bobby-Car-Unfälle – trotz offiziellem »Bobby-Car-Verbot«. Bescheuerte betrunkene Bazis brettern bergabwärts immer wieder in Betonsperren. Barty beendet. Bled gloffm!

Ist das trollyg! Im Wertheimer Factory-Outlet-Center »Wertheim Village« sind Hunde verboten. Hunde bis zu einem Gewicht von 30 Kilogramm dürfen aber in einem speziellen Hundebuggy transportiert werden. Hund-ertpro!

Das Wappen von Gerolzhofen ist seit 1359 dasselbe wie das fränkische Wappen.

Vom Himmel hoch: Das sogenannte Christkindlesrunterläuten gibt es nur in Leutershausen. Am 24.12. um Punkt 14 Uhr bescheren Perzmärtl und Christkind die Jugend vom Türmerstübchen aus mit Marzipanbruch, gebräuntem Wasserzucker und anderen Süßigkeiten, denen kleine Fehler anhaften – gespendet von den örtlichen Feinbäckern.

Sechs bayerische Ministerpräsidenten stammen aus Franken: Martin Segitz, Gustav Ritter von Kahr, Hanns Seidel, Hans Erhard, Günther Beckstein und Markus Söder.

Die Entfernung von Bad Kissingen zum Südpol beträgt 15.548 Kilometer.

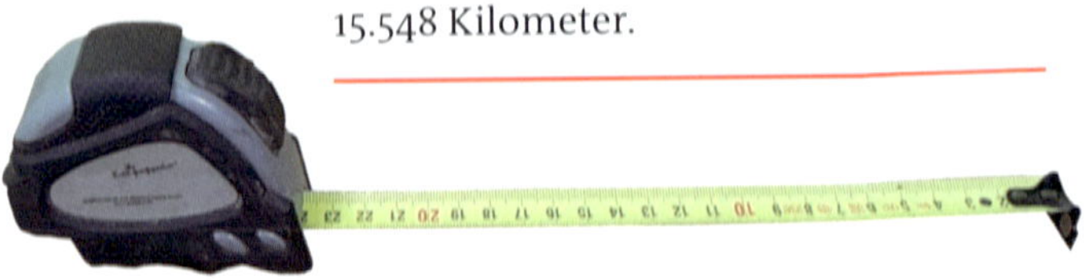

Lumbeglöggle. Als sich einst bei einem Jagdausflug Pfalzgräfin Johanna im Wald verirrte, ließ ihr Gemahl Pfalzgraf Otto die Glocke im Rathausturm ununterbrochen läuten. Um 22.45 Uhr erreichte sie dank des akustischen Wegweisers wohlbehalten die Stadt. Noch heute schlägt im Gedenken jeden Abend um Viertel vor elf in Mosbach die sogenannte »Lumpenglocke«.

Fränkischenglisch: Hide is a hits, do most shower dust net eye gazed.

Die große Ähnlichkeit mit dem Hodensack eines Ziegenbocks bescherte dem Boggsbeidl wohl seinen Namen – vor allem weil auch der Wiederkäuer als lüsterner Traubennascher schon immer mit Wein in Verbindung gebracht wird.

Das älteste Freilichttheater Deutschlands befindet sich im Fichtelgebirge bei Wunsiedel. Die Luisenburg-Festspiele finden jedes Jahr direkt vor der Felsenkulisse des größten Felsenlabyrinths Europas statt.

LUISENBURG FESTSPIELE WUNSIEDEL

Das Wappen von Uissigheim ist das einzige mit nur einem großen roten Herz.

Gundelsheim in Oberfranken hat rund 3.500 Einwohner, Gundelsheim bei Heilbronn hat rund 7.400 Einwohner, Gundelsheim bei Treuchtlingen hat rund 500 Einwohner, Gundelsheim an der Altmühl hat rund 215 Einwohner.

Suu vill! In der Marktgemeinde Küps kommen auf 8.023 Einwohner acht Schlösser. Weltrekord!

Fränkische Götter und ihre Namen. Gott der Verliebten und Verlobten: Douhosdjaanschlouch. Gott der Medizin und Heilkunst: Graizdunnerwedder Numollnai. Gott der Kommunikation und Gebärdensprache: Bläidsgwaafbläids. Gott der Poesie und Dichtkunst: Dessouchichdir. Gott der Erregung und Ungeduld: Gschwaddl Hammersbald. Gott der Schüler und Auszubildenden: Feigscheidbläid. Gott der Verlässlichkeit und Treue: Desglabbsdobberablossdou. Gott der Autofahrer: Dousdmernedhelfschiim.

150 n. Chr. schlugen die Römer eine Schneise durch den Schwäbisch-Fränkischen Wald – es entstand der obergermanische Limes, die Außengrenze des Imperium Romanum – mit Graben, Wall und Palisaden aus Eichenholz. Heute sind bei Mainhardt noch 300 Meter originale Kastellmauern sowie ein Teil der Grenzanlage erhalten.

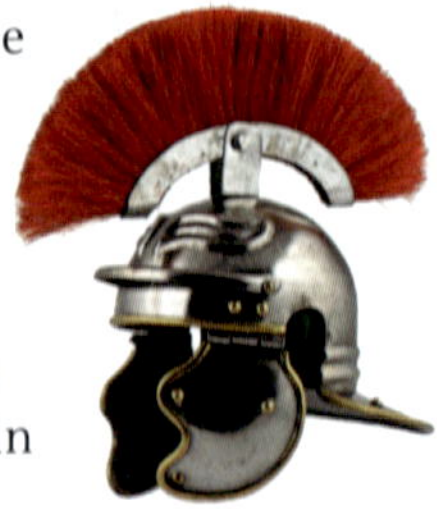

Garnisonsort des »Cohors XXIV voluntariorum civium Romanorum« mit bis zu 500 Legionären war die heutige Stadt Murrhardt.

Bei Plech gibt es die sogenannte Fleischlochhöhle. Ein hungriger Fleischdieb hatte vor dem Ersten Weltkrieg in der 60 Meter langen und sehr engen Höhle seine Beute zur sicheren Aufbewahrung in hölzernen Fässern deponiert.

Die fränkisch geprägte Gemeinde Pyrbaum im Landkreis Neumarkt in der Oberpfalz wird »Tor zur Oberpfalz« genannt. Dort gibt es den Pyrbaumer Sauwetter-Tee.

Old Munichburg ist ein Stadtteil von Jefferson City, der Hauptstadt des US-Bundesstaates Missouri – und wurde von Auswanderern aus Münchberg gegründet.

Aschaffenburg liegt am Main und an der Aschaff.

Würzburg heißt auf Französisch Wurtzbourg, auf Chinesisch Wéi'ěr cí bǎo, auf Latein Herbipolis und auf Japanisch Vyurutsuburuku.

In Franken gibt es eine Rosenprinzessin, eine Honigkönigin, eine Porzellankönigin, eine Apfelkönigin, eine Seenlandkönigin, eine Zuckerrübenkönigin und eine Krautkönigin. Franken krauts vor nichts …

Weihnachten das ganze Jahr! Im Weihnachtsmuseum in Rothenburg ob der Tauber wird die Geschichte des deutschen Christfestes präsentiert. Im angeschlossenen Laden gibt es von Januar bis Dezember alles, was zum traditionellen Brauchtum gehört: Baumschmuck, Kerzen, Krippen, Nussknacker, Räuchermännchen und vieles mehr. Nicht nur für Touristen aus Asien und den USA ein kleines Paradies.

3,8 Kilometer Schwimmen. 180 Kilometer Radfahren. 42,2 Kilometer Laufen. Den Streckenrekord des weltweit größten Wettkampfes in Roth auf der Triathlon-Langdistanz hält der Deutsche Jan Frodeno in 7:35:39 Stunden.

Die Entführung Nürnberger Kaufleute durch den Raubritter Thomas von Absberg führte 1523 zum sogenannten Fränkischen Krieg. Suu'n Hallodri!

Gräber ohne Tote: In Münnerstadt befindet sich das Berufsausbildungszentrum der Bestatter – dazu gehört auch ein entsprechend leerer Lehrfriedhof. Weltweit einmalig!

Streit liegt 151,52 Kilometer westlich von Prügel.

Fake News! Das Wappen von Haßfurth zeigt einen Hasen – aber der Stadtname stammt vom Begriff »Hasufurt« ab, was man mit Nebelfurt übersetzen kann. Das althochdeutsche »hasan« bedeutet grau und weist auf eine nebelige Sumpf- und Moorlandschaft hin.

Fränkischer Grünkern ist das unreif geerntete und getrocknete Korn des Dinkels. Er wird durch Trocknung über Buchenfeuer haltbar.

Zwergengalerie: Im Garten von Schloss Weikersheim stehen 16 Steinzwerge – die von Graf Carl Ludwig in Auftrag gegebenen Karikaturen zeigen die Berufe des Hofstaates: Bankier, Braumeister, Gärtnerin, Haushofmeisterin, Hirtin, Hofdame, Hofjägermeister, Hofnarr, Hofrat, Kammerkassier, Kammerzofe, Köchin, Küchen- und Kellermeister, Trommler, Wachtmeister – und einen Faulpelz.

Mou kum rou un lou en Rollou rou!

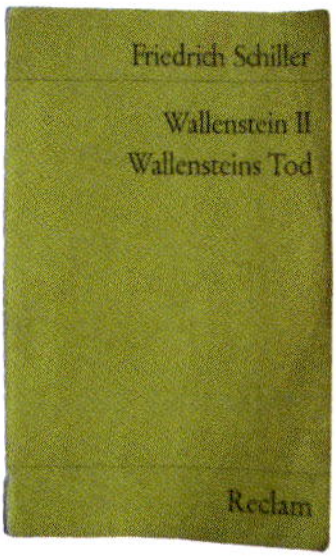

Ich kenne meine Pappenheimer! Die Bemerkung des Feldherrn Albrecht von Wallenstein in Schillers Drama »Wallensteins Tod« bezog sich auf die Treue des Pappenheimer Regiments ihm gegenüber – und war mit dem Unterton gemeint: »Ihr wendet euch sicher nicht gegen mich!« Im Laufe der Zeit bekam das Zitat jedoch eine andere, ironische Bedeutung, im Sinne von: »Ich kenne meine Spitzbuben.«

Im Spätmittelalter wurden die Kloakenreiniger in Nürnberg als »Pappenheimer« bezeichnet.

Die erste deutsch-amerikanische Städtepartnerschaft wurde 1947 zwischen Crailsheim und Worthington in Minnesota geschlossen.

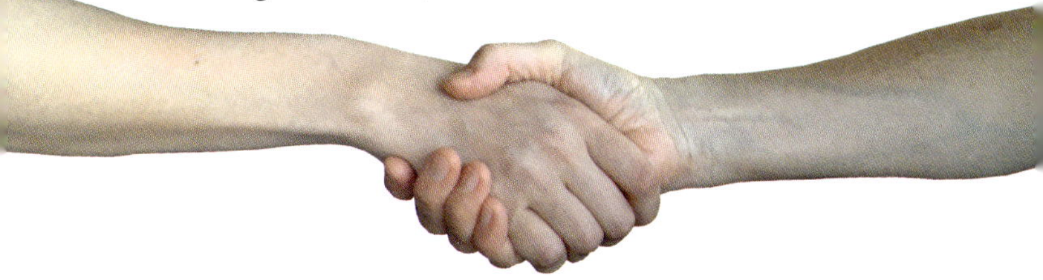

Die mittelfränkische Stadt Feucht hat ihren Namen vom althochdeutschen viuhtje bzw. fichta, was Fichte bedeutet. Mundartlich: Féichdn.

Quadratisch, eckig, gut. Elf männliche »Kloß-designer« eines Wander- und Freundeskreises aus Kredenbach (Ortsteil von Esselbach im Landkreis Main-Spessart) hatten Probleme, gleichmäßig runde Klöße zu formen – und entschieden sich nach einigen alkoholischen Getränken für eine neuartige Variante. Sie entwickelten eine Würfelform – und konnten von nun an nicht wegrollende und platzsparend zu lagernde eckige Klöße genießen. Da bin ich sprachkloß!

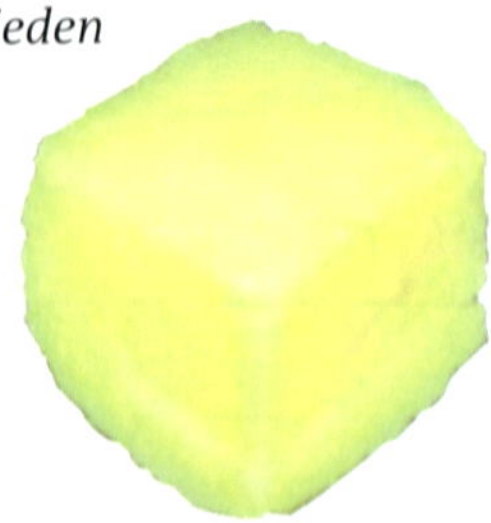

Da bin ich mal gespannt! Die 1288 Meter lange Talbrücke Schnaittach ist die längste Brücke Frankens – und die zweitlängste Bayerns. Sie ist Teil der Bundesautobahn A 9 (München–Berlin), spannt sich vor den Hienberg und überquert das unter ihr liegende Schnaittachtal.

Die 7,5 Zentimeter großen Playmobil-Spielfiguren aus Zirndorf haben den Maßstab 1:22,5. Jedes Jahr werden rund 100 Millionen Stück gefertigt. Die Luther-Figur, die zum Reformationsjubiläum 2017 auf den Markt kam, ist mit über einer Million Exemplaren die erfolgreichste jemals produzierte Einzelfigur.

Sau, Sau, Hurra! So heißt der Slogan des einzigen fränkischen Schäufele-Vereins. Ausgewählte Gaststätten aus dem Schäufeleland (aus der Region zwischen Bad Windsheim, Kronach, Pegnitz und Weißenburg) werden dank »sorgfältig ergessenen Erkenntnissen« im Schäufele-Führer als besonders lecker empfohlen.

Auszug aus der Satzung des Vereins: Aufnahmebedingung ist, bei einer Vereinssitzung eine Portion Schäufele zu verspeisen und die Frage zu beantworten: »Von welchem Tier und Körperteil stammt das fränkische Schäufele?« Die Mitglieder entscheiden direkt danach über den Beitritt.

Ganz schee schee. Christina Antonietta Cornelia Vetterlein wurde 1811 in Münchberg geboren und als Freifrau von Künsberg bekannt. Ihr Bild hängt in der Schönheitengalerie König Ludwigs I. im Schloss Nymphenburg.

In Markt Taschendorf beträgt die Ausländerquote null Prozent.

Fremdgesalzt: In der Grotte der Solewelt Bad Salzungen gibt es ka bissla Salz aus der Region – Wände und Fußboden sind mit Totes-Meer-Salz aus Jordanien beschichtet.

Brouderherz! Schorschbräu aus Gunzenhausen hält den aktuellen Bierweltrekord mit sage und schreibe 57,7 Prozent Alkohol! Braumeister Georg Tscheuschner erreicht das durch sein spezielles Eisbock-Verfahren. Dazu wird normal vergorenes Bockbier mit möglichst hohem Alkoholanteil eingefroren – das ergibt ein Konzentrat mit besonders vielen Prozent. Stark!

Franken liegt am Frankener Dorfbach in Sachsen, 500 Meter an der Grenze zu Thüringen, zwischen Chemnitz und Altenburg. Es gibt insgesamt vier Orte in Deutschland mit dem Namen Franken. Und eine Gemeinde Franken im Elsass in Frankreich.

Das heute noch verwendete Logo des 1876 gegründeten Frankenwaldvereins wurde 1925 von Lorenz Spitzenpfeil entworfen.

Wunsiedel liegt auf demselben Längengrad wie Kopenhagen, Venedig und Rom.

Piiiep! Der Landesbund für Vogelschutz befindet sich in Hilpoltstein. Im Eisvogelweg.

Rothenfels ist mit 1.001 Einwohnern die kleinste Stadt Frankens.

Die Franken entstanden während der Völkerwanderung aus rheingermanischen Stämmen. Sie wurden zum ersten Mal um 250 n. Chr. als »Francii« (Freie, Mutige) in römischen Quellen erwähnt.

Der Fränkische Lindwurm: 1834 entdeckte der Chemieprofessor Johann Friedrich Engelhart bei Heroldsberg 45 Knochen, die sich als Skelett einer bislang unbekannten Dinosaurierart herausstellten. Es waren die ersten Saurierknochen überhaupt, die in Deutschland gefunden wurden. Das zehn Meter lange Tier erhielt die Bezeichnung Plaetosaurus engelhardti.

Muuuhs das sein? Auf der B 303 bei Humprechtshausen stoppte die Polizei einen Raser, der mit 172 Stundenkilometern unterwegs war. Die kuriose Begründung des Italieners: Er sei zu einer Schwergeburt einer Kuh unterwegs – außerdem dürfe man in in solchen Fällen in Italien so schnell fahren, wie man wolle. Das Ergebnis: zwei Punkte in Flensburg, zwei Monate Fahrverbot und 440 Euro Bußgeld. Gar nicht kuhl!

In Mulfingen gibt es 164 verschiedene Straßen.

Die Oberfranken fühlen sich am stärksten in der Region verwurzelt – dort lebt man durchschnittlich 37 Jahre am selben Wohnort.

So ein Wahnsinn, warum schickst du mich in die Hölle? Über das Höllental im Frankenwald bei Lichtenberg soll die weltweit größte Hängebrücke gebaut werden. Über 720 Meter lang und bis zu 180 Meter über dem Boden. Hölle, Hölle, Hölle.

Baaam! In Markt Küps steht der dickste Baum Frankens. Die tausendjährige Stieleiche am Schloss Alte Kemenate im Ortsteil Nagel hat einen Umfang von zwölf Metern.

Heidenheim bei Gunzenhausen und die württembergische Stadt Heidenheim haben dasselbe Bild im Wappen: einen bärtigen Heidenkopf mit Gewand, Kragen und einem Heidenhut.

Hofheim in Unterfranken hat 1.222 Einpendler und 1.222 Auspendler.

International berühmt wurde Weibersbrunn durch die Fertigung von Mondglas – halbkreisförmige Scheiben, die durch Schleudern zu Fensterglas verarbeitet werden.

Die drittlängste Höhle Deutschlands ist das sogenannte Fuchslabyrinth mit 13.398 Metern – in der Nähe von Schrozberg-Schmalfelden, im fränkisch geprägten Nordosten Baden-Württembergs.

Draa di rum, mei Schaifala, wennsd greinsd, no bisd a Deifela, wennsd lachsd, no bisd a Engala, kummst ins goldigs Kämmerla.

Durch Pegnitz fließt die Pegnitz.

In Zapfendorf kehrte im Sommer 2015 ein Karlsruher Ehepaar versehentlich in ein Flüchtlingsheim ein, das früher mal ein Gasthaus war. Die Asylbewerber hießen sie herzlich willkommen: »Machen Sie es sich bequem, fühlen Sie sich wie zu Hause« – und tischten spontan Brot, Butter, Marmelade, Käse, Eier und Tee auf. Als die 68-jährigen Gäste nicht bezahlen durften, waren sie zu Tränen gerührt.

Fränkischen Muschelkalk gibt es als drei Natursteintypen, die sich in ihren Eigenschaften unterscheiden: Kernstein, Goldbank und Blaubank.

Die hat ja ganz schön viel Holz vor der Hütte! Wegen Diebstahl und Hausfriedensbruch wurde ein Ehepaar verurteilt, das sich vom direkten Grundstück nebenan illegal Brennholz »besorgte«. Als sich die Nachbarin im Urlaub befand, organisierten sich die neuen Anwohner vier Ster ofenfertige Holzscheite, die direkt vor der Gartenhütte zum Trocknen gestapelt waren. Die hatten ganz schön Holz vorm Kopf …

Nürnberger Ei – so wird der Nürnberger Fernsehturm im Volksmund aufgrund seines ovalen Turmkorbes genannt. Er ist mit 292,8 Metern das höchste Bauwerk in Bayern.

Früher bezeichnete man als »Nürnberger Ei« Taschenuhren mit Federwerk – im 15. und 16. Jahrhundert gab es in der Stadt die weltweit besten Feinschmiede. Die Bezeichnung »Ei« kommt jedoch nicht von der Form, sondern dürfte eine Verballhornung von »Aeurlein«, also Ührlein, sein.

Der Nürnberger Schlossermeister Peter Henlein erfand den Federantrieb für Uhren und konnte so die am Körper tragbaren Aeuerlein fertigen – Taschenuhren in Form einer Dose. Bis dahin wurden mechanische Uhren durch Gewichte betrieben.

Fränkischenglisch: Low me in row, do drumple.

So ein Quaaak! Aufgrund des einst reichen Vorkommens der Tiere in Tauberbischofsheim erhielten die Bewohner den Spitznamen »Bischemer Kröten«.

Im Biergarten des Landhotels Sonnenhof in Pleinfeld befindet sich die kleinste Öko-Brauerei der Welt.

In Erlangen lebt Herr Prügel.

Vier Kilometer! Der längste handgewebte Schal der Welt befindet sich im Textilmuseum Helmbrechts. Jeder Besucher kann daran ein Stück weiterweben. Über 20.000 Menschen haben seit 1997 schon mitgeholfen. Blus ned webserd wern!

Tracht Prügel? In Ansbach gibt es eine Trachtenforschungs- und Trachtenberatungsstelle.

Worte, die nur Franken verstehen: Abodeng, Ächerla, Babberdeggl, Baggerla, Blädderer, Blummer, Buddla, Daumschlooch, Debfla, Draam, Fremma, Grindla, Groong, Gung, Hoberhaddl, Kärng, Kipfla, Kobberla, Ladschkabbm, Lolber, Maunzala, Naacherla, Radzger, Roobern, Schdäing, Schniggerla, Schubfm, Schwamma, Uufm, Waafn, Waggerla, Websn, Woud, Zibberla, Zwedder.

In der historischen Altstadt von Rothenburg ob der Tauber wurden schon viele bekannte Filme gedreht – unter anderem »Die Christel von der Post« mit Hardy Krüger, »Der blaue Engel« mit Curd Jürgens, »Tschitti Tschitti Bäng Bäng« mit Dick van Dyke oder »Der Trotzkopf« mit Anja Schüte. Für »Harry Potter und die Heiligtümer des Todes« wurden Luftaufnahmen von der Stadt gemacht.

Das Wappen von Schwäbisch Hall zeigt die beiden Seiten eines Hellers – ein Kreuz und eine Hand. Man sagte wegen der Hand auch »Händelheller« dazu.

Seit 1981 gibt es das Hersbrucker Eselrennen. Laut Teilnahmebedingungen ist jeder Esel zugelassen. Gelbe Rüben und Wasser werden kostenlos bereitgestellt. Die Teilnehmerzahl ist auf 25 Esel beschränkt – und es dürfen nur Tiere teilnehmen …

Cannabis-la wos anners drin saa? Die Klosterbrauerei Weißenohe hat ein besonderes Bier im Programm: The Cannabis Club Sud. Und liefert das blumig-zitronig-bittere Hanfgetränk bis nach Korea und Südamerika.

Schon vor dem Erlass des Reinheitsgebotes 1516 wurden beim Brauen oft spezielle Kräutermischungen wie auch Hanf zur Würzung und Bitterung verwendet.

Fränkische Ortsnecknamen: Ansbacher Wolfshenker, Berolzheimer Krapfenfresser, Gasseldorfer Haberochsen, Marktredwitzer Schweinebeschläger, Röttenbacher Sandhasen, Tütschengereuther Staabeißer, Würzburger Mainbrunzer.

Kickerkönig! Der 1968 in Herrieden geborene ehemalige Fußballer Werner Rank hat von der C-Klasse bis zur Bundesliga in jeder Liga gespielt – und für jede Mannschaft mindestens ein Pflichtspieltor geschossen.

Drei im Weggla: Die Nürnberger Rostbratwurst ist 7–9 Zentimeter lang, hat einen Durchmesser von 15 Millimetern und wiegt 20–25 Gramm. Sie sollte anscheinend deshalb so klein sein, damit man sie im Mittelalter auch nach der Sperrstunde noch heimlich durch das Schüsselloch der Wirtshaustüre verkaufen konnte. Dees hob der-i gern!

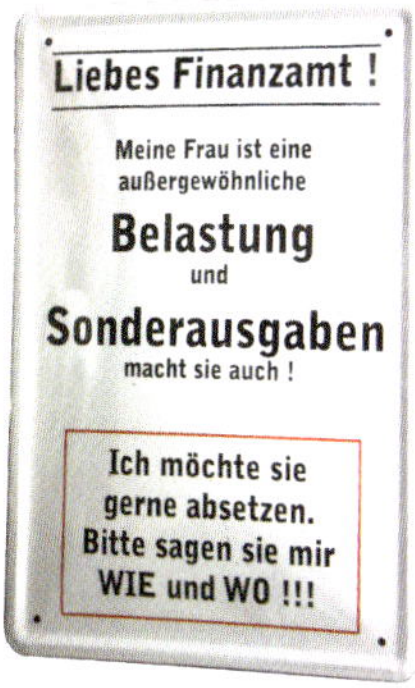

Das schnellste Finanzamt in Bayern steht in Zeil am Main. Die durchschnittliche Wartezeit auf Antwort beträgt dort 40,6 Tage.

Fränkische Ortsnamen in Mundart: Wousigl (Wunsiedel) Märchedol (Bad Mergentheim), Neuschd (Bad Neustadt/Saale), Sporch (Cadolzburg), Ärmerschtoodt (Ebermannstadt), Feichtwang (Feuchtwangen), Gronich (Kronach), Wärde (Wertheim).

Das Kartoffel-Denkmal: In Pilgramsreuth wurden um 1647 erstmals in Deutschland Kartoffeln angebaut. Eine Bronzeplastik würdigt diese ersten Bauern.

Was die Bavaria für Bayern, ist die Franconia für Franken – das personifizierte Symbol dieser Region. Die weltliche Patronin Frankens repräsentiert die vier Tugenden Klugheit, Tapferkeit, Mäßigung und Gerechtigkeit. Sie trägt in der Hand das Rennfähnlein – und steht für eine eigeständige fränkische Identität.

A ewichs Gfredd: Bei einem Spiel der deutschen Nationalmannschaft 1924 gegen die Niederlande standen nur Spieler aus Franken auf dem Platz – von der SpVgg Greuther Fürth und vom 1. FC Nürnberg. Die ewigen Rivalen reisten sogar in separaten Zugwaggons nach Amsterdam. Als ein Fürther den 1:0-Siegtreffer erzielte, jubelte kein einziger Nürnberger Spieler.

In Lichtenfels gibt es das Bekleidungswerk Schmutzler & Finke.

In Anlehnung an den soziologischen Begriff der Deutschen Stämme zählt der Freistaat Bayern die Franken zusammen mit den Baiern, Schwaben und Sudeten zu den »vier Stämmen Bayerns«.

Nomen est omen? Der Rinderzuchtverband Franken hat unter anderem folgende Fleckviehbullen der Besamungsstation Neustadt/Aisch im Angebot: Herzschlag, Sehrgut, Evergreen, Hubertus, Vitamin, Warrior, Hutzucker, Wettendass, Vincenzo, Interpret, Wahnwitzig, Wunschlos, Wertarbeit, Intouch und Wohltat.

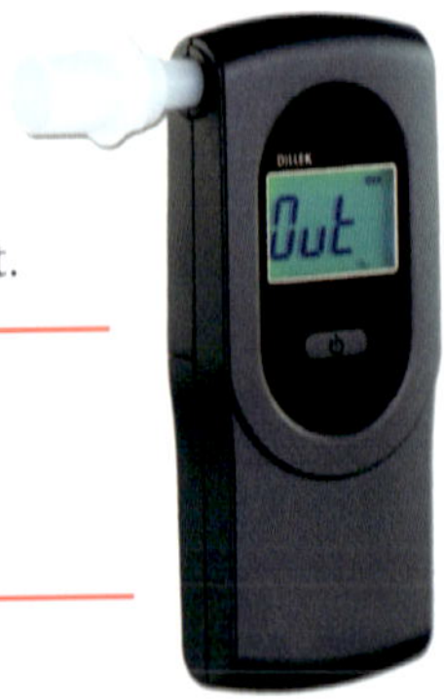

Das Fränkische Open-Air-Weinfest in Volkach ist das größte Weinfest Frankens.

43 Kilometer zu schnell innerorts. 200 Euro Bußgeld. 2 Punkte in Flensburg. Und einen Monat Fahrverbot. In Münchberg hatte die Polizei auf einer Landstraße ein Radargerät aufgestellt, um Raser zu überführen. Rekordhalter war ein Fahrzeug, das statt der erlaubten 50 mit 93 Stundenkilometern vorbeirauschte. Das Blitzerfoto konnte aber nicht zugestellt werden, es zeigte – einen Regionalzug.

Fränkischenglisch: Hide Kennedy a mall Ford gay.

Gefrees leitet sich vom mittelhochdeutschen Wort Gevreatze ab und bedeutet Schlemmen, Fressen. 1875 gab es im damals rund 1.500 Einwohner zählenden Ort 16 Bäcker und 27 Metzger.

Franci war eine allgemeine römische Bezeichnung für die Feinde Roms.

Franken reden nicht viel. Sind ehrlich und geradeheraus. Können anpacken. Haben einen schwarzen Humor. Und gerne mal schlechte Laune. Sie granteln viel. Und leiden gern. Und lassen sich von Groußkobfedn ungerne etwas vorschreiben. Franken sind treue Seelen. Und haben ein großes Herz.

In Stein gehauen: Der älteste Bildstock Frankens trägt die Jahreszahl MCCCL (1350) und befindet sich in Naisa, im Ellerntal bei Bamberg.

Die Edda trifft die Irma beim Eikaafm und derzillt ihr ganz aufgereecht, dass sa näggsta Wochn nach Rom zem Boobst fährd. Freggd die Irma: »Wos verschprichsta dir denn douderfoo?« Soggd die Edda: »Ich mäicherd hold amoll an Boobst sein Säing.« Dou freggd die Irma iberraschd: »Maansd, der zeichdn derr?«

Sinnsaalebim! Saalemainneikum! In der fränkischen »Dreiflüssestadt« Gemünden am Main mündet die Sinn in die Saale und die Saale in den Main.

Big player: Mit 400.000 Quadratmetern ist das Freizeit-Land-Geiselwind der flächenmäßig größte Freizeitpark Bayerns. Hunde dürfen an der Leine mitgeführt werden, jedoch nicht in Fahrgeschäften, Attraktionen und Shows. Dort also nur ohne Leine?

2018 entdeckte eine 14-Jährige vor dem Horrorhaus des Freizeitparks in Geiselwind den alten Original-Grabstein des eigenen Großvaters. Der Betreiber hatte ihn von einem Steinmetz besorgt und »vergessen«, die Inschrift unkenntlich zu machen.

Der erste fränkische Baumwipfelpfad wurde im April 2016 in Ebrach eröffnet. Da koosda Baamschbidsn schaung.

In Franken haben 63 Prozent der Neugeborenen nur einen Vornamen, 30 Prozent hören auf zwei Vornamen, 5 Prozent haben drei Vornamen – und nur zwei Prozent besitzen vier oder gar fünf Vornamen. Spitzenreiter sind zwei Mädchen und zwei Jungen mit jeweils sechs Vornamen.

Das schmalste Haus Frankens steht in Wertheim am Marktplatz. Das Fachwerkhaus aus dem 16. Jahrhundert ist am Sockel nur ganze drei Meter breit.

Das Sandmännchen ist da! Im Landkreis Nürnberger Land gibt es den 90 Kilometer langen Fränkischen Dünenweg. Alles auf Sand gebaut.

A A is fei a weng weng!

»Zwedschgebaames« ist eine luftgetrocknete Rinder-Rohschinken-Spezialität, die bei einer zünftigen fränkischen Brotzeit nicht fehlen darf. Das Fleisch wird über Zwetschgenholzspänen ein bis zwei Wochen geräuchert und dann zum Verzehr hauchdünn aufgeschnitten – weil das Endprodukt so hart ist wie Zwetschgenholz. Auch der Anschnitt ähnelt in Farbe und Maserung dem rötlichen Zwetschgenholz.

In Franken liegen vier der 44 deutschen UNESCO-Welterbestätten: die Würzburger Residenz, die Bamberger Altstadt, der obergermanisch-raetische Limes und das markgräfliche Opernhaus Bayreuth.

Lothar Matthäus: »Schiedsrichter kommt für mich nicht in Frage. Schon eher etwas, das mit Fußball zu tun hat.«

Dreiferdl fünfa bedeutet: Es ist jetzt Viertel vor fünf. Oder auch: Sechzehnuhrfünfundvierzig.

Worte, die nur Franken verstehen:
gadzn, draama, gniedschn, bledzn, horng, eiwaang, bfobfern, läing, soddern, blägn, glaam, huschern, bubbln, derhudzn, oozulln, kobbm, niffln, benzn, bloung.

Elisenlebkuchen aus dem Frankenwald müssen gemäß Lebensmittel- und Bedarfsständegesetz LMBG mindestens 25 Prozent Mandeln oder andere Nüsse enthalten. Die Masse darf maximal 10 Prozent Getreidemahlerzeugnisse oder 7,5 Prozent Stärke enthalten. Als »feine Backwaren« dürfen sie nur mit hochwertiger Kuvertüre und nicht mit minderwertigerer, kakaohaltiger Fettglasur hergestellt werden.

Kann man damit Kohle machen? Das Kitzinger Start-up »BBQ-Kohle« vertreibt per Onlineversand wiederverwendbare Holzkohlebriketts. Ideen muss mer ham …

Privilegiert: Fünf fränkische Städte durften sich Reichsstadt nennen, waren direkt dem Kaiser unterstellt und mussten an ihn keine Steuern zahlen: Dinkelsbühl, Nürnberg, Rothenburg, Schweinfurt, Weißenburg und Windsheim.

Die Katzen im Fränkischen, sie schnurrn, roodln, brumma, schnurgln, raunzn, zwirna, maunzn, schebbln, schnorrn, fechdn, schboddsn und grelln. Miaouu!

A Seidla ist eine halbe Maß.

Die Buchen muss man nicht suchen. Der Naturpark Steigerwald besteht zu 75 Prozent aus Buchen und ist das zweitgrößte Laubwaldgebiet Bayerns.

Schwabenweber: 1488 beschloss der Rat der Stadt Nürnberg, schwäbische Weber anzuwerben, um dem Textilgewerbe einen Aufschwung zu verschaffen. So ließ man auf dem verfüllten inneren Stadtgraben sieben Häuserzeilen errichten und nannte die Gegend Schwabenberg. Die sieben Zeilen waren eine der ersten Arbeitersiedlungen Deutschlands.

Wie heißt die biblische Geschichte »Die Speisung der Fünftausend« auf Fränkisch? Deslangdlogger!

Städtenamen in Mundart: Färd, Bamberch, Kidzinga, Nämberch, Huuf, Coburch, Wärzburch, Naala.

Deutschlands dickster Luchs lebt im Wildpark Schweinfurt. Rufus ist kastriert, bewegt sich wenig und wiegt satte 48 Kilogramm. Wem er wohl sein zusätzliches Futter abgeluchst hat?

»Schau blous dasd nei kummsd, sunsd huld di der Nachtgiger!« Noch heute droht man unfolgsamen fränkischen Kindern mit dem Nachtgiger – einer Schreckensgestalt, die jeden mitnimmt, der nicht brav ist.

Der Nachtgiger geht nach Einbruch der Dämmerung auf Beutefang und soll Boum und Madla Angst machen, die frech sind oder nicht nach Hause möchten, damit sie brav zu Bett gehen.

Aber auch Erwachsene, die bis in die Morgenstunden unterwegs sind und »die Nacht zum Tag machen«, werden als Nachtgiger bezeichnet.

Auf dem Kreuzberg in der bayerischen Rhön – dem »heiligen Berg« der Franken – befindet sich auf 860 Meter Höhe Frankens höchstgelegene Bushaltestelle. Holaräduli-höh.

Im Wörld Waid Webb gibt es nur vier Einträge zum Begriff »korzerglaschlong«.

Wenn man bei Google Earth mit der Basis-Erdkugel startet, muss man viermal auf das Pluszeichen klicken, bis die erste fränkische Stadt Nürnberg auftaucht. Erst beim fünften Vergrößerungsklick erscheinen Würzburg, Bamberg und Bayreuth.

Im Deutschen Wörterbuch der Gebrüder Grimm von 1854 taucht der Begriff Schwabenfeld auf: »... ein rot und weisz getheiltes feld im nürnbergischen wappen.«

Jerusalem ist ein Stadtteil von Meiningen.

5 Tage. 155 Kilometer. Der Fränkische Bierradweg führt entlang der Flüsse Zenn, Aisch und Regnitz. Beim Roodln griechd mer en gscheidn Dorschd. Aber obacht – Fahrräidla fohn ist nur erlaubt bis 1,6 Promille! Sonst heißt es: Wer sein Fahrrad liebt, der schiebt.

Die Broudwoschd ist das fränkische Nationalgericht. Es gibt viele Varianten: die fingerlangen Nürnberger (Drei im Weggla), die Pegnitzer Bierbratwurst mit bis zu 25 Prozent Gerstensaft, die dicken, majorangewürzten »Fränkischen«, die über Kiefernzapfen gegrillten, 30 Zentimeter langen Coburger, die ei- und kalbfleischhaltigen Kronacher und die Würzburger Geknickten mit Weißwein.

Die langen Bamberger halten die Waage zwischen der feinen (katholischen) und der groben (evangelischen) Variante. Die Gstrüpften aus dem Raum Kronach werden aufgeschnitten, enthäutet und gebacken, nicht gebraten. Blaue Zipfel sind rohe fränkische Bratwürste, die in einem Sud aus Essig, Weißwein, Zwiebeln, Zucker und Salz gekocht und dann mit Brot serviert werden.

Bei Hof fließt der Untreubach im Untreutal durch den Untreuwald in den Untreusee. Ringsum gibt es Badeplätze mit ausgedehnten Liegewiesen ... und in den Geschäften Treuepunkte.

Marxgrüner Marmor ist rot. Er hat seinen Namen vom Marxgrüner Bahnhof, wo er verladen wurde. Abgebaut wird der Naturwerkstein jedoch bei Horwagen.

51 Prozent der Franken leben im eigenen Haus.

Die größte Feuerzangenbowle der Welt steht jeden Dezember in Nürnberg »zwischen den Fleischbänken«. Der Kessel hat einen Durchmesser von 2,5 Metern, ist 3,4 Meter hoch und fasst 9.000 Liter. Es dauert 48 Stunden, um den Inhalt auf 70 Grad zu erwärmen. Viele Weihnachtsmarktbesucher gönnen sich einen »wönzigen Schlock«.

Mausdorf liegt 69,76 Kilometer südwestlich von Krötennest.

Frankenwald heißt auf Arabisch ghabat farankuna, auf Nepalesisch Phraiṅka vana, auf Japanisch Furanken no mori, auf Chinesisch Fú lán kěn sēnlín, auf Portugiesisch floresta Franken. Und auf Hawaiisch franken ululaau.

Was heißt Orgasmus auf Fränkisch? Etzertla.

Happy! Im jährlich publizierten Glücksatlas der Deutschen Post werden Bewohner aller 19 Regionen in Deutschland zu ihrer Zufriedenheit befragt. Aktuell liegen die Franken auf Platz 4 – und damit weit vor den Bayern, die nur auf Platz 8 stehen.

Das Frankenlied

Wohlauf, die Luft geht frisch und rein,
wer lange sitzt, muss rosten.
Den allerschönsten Sonnenschein
lässt uns der Himmel kosten.
Jetzt reicht mir Stab und Ordenskleid
der fahrenden Scholaren.
Ich will zur schönen Sommerszeit
ins Land der Franken fahren,
valeri, valera, valeri, valera,
ins Land der Franken fahren!

Der Wald steht grün, die Jagd geht gut,
schwer ist das Korn geraten.
Sie können auf des Maines Flut
die Schiffe kaum verladen.
Bald hebt sich auch das Herbsten an,
die Kelter harrt des Weines.
Der Winzer Schutzherr Kilian
beschert uns etwas Feines,
valeri, valera, valeri, valera,
beschert uns etwas Feines.

Wallfahrer ziehen durch das Tal
mit fliegenden Standarten.
Hell grüßt ihr doppelter Choral
den weiten Gottesgarten.
Wie gerne wär' ich mitgewallt,
ihr Pfarr' wollt mich nicht haben!
So muss ich seitwärts durch den Wald
als räudig Schäflein traben,
valeri, valera, valeri, valera,
als räudig Schäflein traben.